Ciriacus Schreittmann

Probierbüchlin

Fremde und subtile Kunst

Ciriacus Schreittmann

Probierbüchlin
Fremde und subtile Kunst

ISBN/EAN: 9783743458611

Hergestellt in Europa, USA, Kanada, Australien, Japan

Cover: Foto ©Thomas Meinert / pixelio.de

Manufactured and distributed by brebook publishing software (www.brebook.com)

Ciriacus Schreittmann

Probierbüchlin

Probierbüchlin.

Frembde vnd subtile Künst/ vormals im Truck nie gesehen/ von Woge vnd Gewicht/ Auch von allerhande Proben/

auff Ertz/ Golt/ Silber/ vnd andere Methall/ etc.
Nützlich vnd gut allen denen so mit subtilen
Künsten der Bergkwerck vmb-
gehen. Durch

Ciriacum Schreittmann.

Franckf. Bey Chr. Egen. Erben. 1580.

In varijs rebus miramur acumina mentis,
Noſcere nec rerum diſcimus artificem.

Wir loben Kunſt zu aller zeit/
Vergeſſen deß der ſolches geit.

Petrarch. lib. 1. cap. 39.

Den Hochwirdigsten / Durchleuchtigsten/Hochwirdigen/Durchleuchtigen / Hochgebornen / Ehrwirdigen/ Wolgebornen/ Gestrengen/ Edlen/ Ehrnvesten/ Fürsichtigen / Hoch vnnd Wolgelehrten / Ersamen vnd weisen Herren/ Herren Chur vnd Fürstlichen gnaden/ Gnaden/ Günsten / vnd fürsichtige weißheit / Entbeut Valentin Abel von Weissenburg am Rhein sein vnderthenigste / vnderthenige / willige / gehorsamste/ gehorsame/gutwillige vnd freundeliche dienst/ jederzeit in vnderthenigster/vndertheniger/ gehorsam/ vnd freundliches fleiß zuvoran.

GNedigste/Gnedige/ günstige Herren/ Es ist ohn allen zweiffel/ Euwer Chur vnnd F. gnaden/ G. G. vnnd E. W. gnugsam kundt vnnd zu wissen/

mit was grossem fleiß vnnd hohen verstandt / alle Künst vnd scharpffsinnige erfindung / was vns dann zu zeitlicher wolfahrt / vnd leiblicher erhaltung nutz vnnd nothwendig / von den alten vnsern Vorfahren erstlich erfunden / Deßgleichen auch mit was grosser fürsichtigkeit / vns dieselbigen jhre vielfältige nützliche erfindung (als jhren Nachkommenden) also gutwilligklichen mit getheilet vnnd nachgelassen haben. Welche Künste vnd scharpffsinnige erfindung / ob sie gleichwol allesamen in gemein / dahin fürnemlich gerichtet seyn / daß sie jederman / nach mancherley gelegenheit / vnd nothdurfft / nützlichen erscheinen / mercket man doch daß eine für der andern / ein sonderlichen Zweck / oder gesetztes Ziel für jhr hat / dahin sie in sonderheit gericht ist. Dann wie gnugsam vor augen / seindt etliche solcher vielfältigen Künst vnd scharpffsinnigen erfindungen / fürnemlich

nemlich auffkommen / vnnd bißhero in stätigem gebrauch blieben / darumb daß sie für andern zu freundlicher / friedlicher vñ geselliger Menschlicher versamlung / oder Bürgerlichen standts vnd wesens / also gar notwendig / daß jhr keines wegs mit fug zu manglen. So werden auch der mehrertheil in ehren vnd wirden gehalten jhrer sonderlichen frucht vnd nutzbarkeit halb / wie sie täglich bringen mögen. Wie vns dann weiter auch etliche allein von wegen / daß sie fast lustig vnd kurtzweilig / anmütig vnnd wolgefellig seind / vnd wirdt also wargenomen / daß ein jede Kunst (wie gesagt) auff ein sonderlich endtlich fürnemen gerichtet ist.

Dieweil aber vnder allen guten löblichen vnd ehrlichen Künsten / die Mechanischen (vnder welche die Probirung füglich mag gezehlt werden) sampt Mathematischen / aller anderen Künsten was der Mensch in seinen verstandt jmmer bringen mag / erster vrsprung vnnd anfang seind / vnd das jhnen (wie Aristoteles zuverstehen gibt) die natürliche erforschung folge. Sollen wir der wegen billich vnd on alle widerred diese Künst / für die allerhöchsten / fürnembstē / nützlichen vnd notwendigsten / dardurch das füncklein deß Göttlichen verstandts / in vnns verborgen / vnd in finsternuß der vnwissenheit begraben / am ersten erquickt / vñ auffgetrieben werde zu der rechten vnd waren erkandenisß. Darumb dann auch die alten Weisen / diese Künst / für die scherpffste prob / menschlicher vernunfft vnd verstandts gesetzt haben / durch welche derselbig / wie das Goldt im Feuwer probiert wirdt / ersucht vnd gescherpffet / zu weiterer empfahung vnd fassung aller anderer ehrlichen vnd löblichen Künsten vorbereyt / wolgeschickt oder fähig gemacht werde.

Darumb sich nit wenig zuverwundern /

dern / daß fürnemlich bey vns Teutschen (die in hohem verstandt vnd scharpffsinnigkeit / mit allen frembden Notationen wol verglichen werden mögen) diese herrliche Kunst / nit allein in langer zeit gantz verlassen vnnd vngeacht / sonder auch bey vielen als vberflüssige / fürwitzige vnnd vergebliche Speculationes seyn gehalten worden.

So man aber die vrsach solches mißverstandts mit fleiß ersuchen thut / befindet man endlichē / daß der grössestе mangel fürnemlich daran gelegen / daß noch bißhero bey vns Teutschen / sich gar wenig vnderstanden haben / von diesen dingen / dermassen eigentlich / fleissig / vnnd verständtlichen zuschreiben / oder handtlen / daß man darauß genugsamen bericht / mit gebürlicher frucht hette schöpffen mögen.

Welche vrsach ohn zweiffel den kunstreichen Ciriacum Schreittmann seligen (wie in seiner Prefation zusehen) bewegt / solchen grossen fleiß anzuwenden / vnnd vnderstehen der scharpffsinnigen Kunst (so viel sie dem probieren angehörig) ersten grundt vnnd fundament zu schreiben / zu sonderlicher vnderweisung vnd anleytung / allen kunst Liebhabern / wie dann dieses gegenwertige Büchlein (wiewol geringes ansehens) gnugsamlichen bezeuget.

Dieweil aber solchs nu auff die etlich vnd zwentzig Jar / neben andern meins freundtlichen lieben Vatters Johann Abels seliger gedächtniß / Büchern in geheim behalten / also daß man dieser scharpffsinnigen Kunst / diese Jar hero höchlich hat manglen müssen / Hat mich derwegen für gut angesehen solches von wegen seines fruchtbarlichen nutzes / nit lenger verborgen zuhalten / vnd solchs allen vnd einem jeden dieser Kunst liebhabenden

benden zugefallen / an tag zugeben / nicht ombgehen können.

Vnd wiewol mir hierinn mancherley verhinderliche gedancken / sonderlich aber in betrachtung / daß der Autor / dises Wercks nit mehr in leben / vnd dañ was solche Publication / da etwas manglen / oder im Truck (wie dann leichtlich geschehen kan) vbersehen werden solt / auff sich treg / einkommen: So hab ich doch solchen gedancken / ehrliebender Leuthe beschehen vertröstung / vnd daß dardurch verhoffentlich vielen gedient seyn wirdt / vorgezogen / der gäntzlichen hoffnung vñ zuversicht / es werden sich die verstendigen dieser Kunst / auff den fall hierinn etwas durch den Truck vbersehen / oder sonst von dem Autor der sachen zuviel oder zu wenig geschehen (dessen ich mich doch nit versehen thu) zuentsinnen wissen / daß jrren menschlich / vnd solche jrrthumb / da der Autor vermittels Göttlichs willens / zugegen seyn köndte / von jhm erkandt / vnd zu recht hetten mögen bracht werden.

Vnd nach dem nun bißhero je vnd allwegen in löblichem gebrauch vnnd gewonheit fürgangen / daß solche vnnd dergleichen Werck / Keysern / Königen / Chur vnd Fürsten / Herrn vnd andern / von allerley Künsten / zugeschrieben worden / nit ohn vrsach geschehen / Dieweil auch mit der warheit zu bezeugen ist / daß nichts hie auff Erden für recht vnd gut / oder wol angefangen / wo das oder solchs nit mit Gnaden deß Allmächtigen / vnd gunst der Fürsten vnd Herren / oder der Oberkeyt beschützung fürgenommen wirdt / hab auch ich in solchem löblichem herkommen nit gezweifelt zuverharren / vnnd andern in solchen ehrlichen Exempeln zufolgen.

Dieweil ich nun dises Büchlein ohn einigen Patronen vnd Schutzherren befanden /

funden/ mir aber nit zweiffelt / es werden sich etliche mißgünstige neydige Künstler wider diese anleytung deß probirens sehr bekümmern/ als ob jhnen derhalben etwas abbruchs jhrer Nahrung darauß folgen wirdt/ vnd vermeynen/ man sol die ding nit gemein machen / zu verkleinerung der Kunst. Denen vnd andern zubegegnen / wil ichs bey deß Autoris verantwortung beruhen lassen.

Vnd hiemit zu weiterer beschirmung deß heiligen Römischen Reichs Chur vnnd Fürstenliche gnaden / Gnaden/ Günsten/ vnd E. W. in sonderheit erwehlen / Auch hierinnen nit zweiffeln/ es werden E. Chur vnd F. gnaden / G G. vnd E. W. diese geringe Gab gutwilliglichen auffnemmen/ vnd was hierinn nit wol formiret / ordenlich gesetzt oder gestellt were worden / wie es billich seyn solt/ das meinem einfeltigen verstandt zu legen vnd geben.

Wer-

Verhoffe auch gäntzlich / es werde solches Werck / vnder deß heiligen Römischen Reichs Chur vnnd F. gnaden / G. G. vnd E. W. hochlöblichen ansehen vnnd herrlichem Namen / allen Kunstliebhabern desto gefelliger / vnd angenemer seyn.

Damit E. Chur vnd F. gnaden / G. G. vnd E. W. dem Allmächtigen Gott der aller Oberkeit verstandt vnnd weißheit gibt / in seinen schutz vnd schirm befohlen. Der regiere / schütze vnd handthabe E. Chur vnd F. gnaden / G. G. vnd E. W. zu seines Göttlichen Namens ehr / vnd gemeines Vatterlands nutz vnd frommen.

Datum Weissenburg am Rhein / im Jar deß Herren 1578. den 5. tag Aprilis. Auff welchen tag vor 39. Jaren / der Durchleuchtig / Hochgeborne Fürst vnd Herr / Herr Georg Friderich / Marggraue zu Brandenburg / Marggraue

Georgen

Georgen zu Brandenburg/Sohn/ geboren wardt. Vnnd als vor 88. Jaren Matthias Huniades der Vngerisch König zu Wien gestorben ist.

E. Chur vnd F. gnaden/
G. G. vnnd F. W.

Vnderthenigster/vnderthenniger / gehorsamster / williger Diener

Valentin Abel.

Vorrede zu dem Leser.

Wiewol (freundtlicher lieber Leser) viel Büchlein vff probiren der Bergkwerck / Ertz vnd Metall / mit schönen wol herauß geschmückten Titteln / Vorreden vnd Registern / höher verheissungen biß anher außgangen / wie ich (als billich) In grossen ehren gehalten / vñ noch in jrem werth bleiben laß / vnveracht / darinnen ich als ein liebhaber dieser Kunst / vil mühe / arbeyt / zeit / auch kosten / vnfruchtbar verschliessen vnd kein grunde in denselbigen befunden / dieweil sie so dunckel vnd weitläufftig beschrieben sind / hab ich bey mir selbs betracht / verdrüßlichen zu seyn / allein sich der gefundenen ding zugebrauchen / nicht ferrers nachtrachtung oder besserung zusuchen / vnd mich deß spruchs Justiniani vnderzogen / also lautend: Der sey mehr zu loben / der gefundene subtile ding bessert / dann der sie zum ersten funden hat. Wil vnnd gebeut auch in guter acht zuhaben / so etwas vbel gesetzt in alten Büchern erfunden wirdt / dasselbig fleissig ersehen / zu mindern vnnd zu mehren / damit ein jeglich Werck mittelmessig vnd schön heraußgestrichen / meniglichem fürgetragen werd / ꝛc.

So

So nu grosse vbung verstande bringt / vnd je dem menschlichen gemüth nichts vnmüglich ist zuvollbringen / allein so er jhm selbs gebeut / vnd häfftiglich also haben wil / Deß ich mich auch geflissen / vnnd mit lust vnnachläßlichen angehangen / biß ich etwas gründtlichs (ohn ruhm zu reden oder schreiben) vff Ertz vnd Metall / auch weiter zugehörens / was es ertragem mag / eigentlich erlehrnt vnnd erfunden. Vnd damit viel vnnützer kosten / verdroßne mühe / vergebliche arbeyt / von vilen erspart vnd vermitten bleibe / bin ich verursacht worden / dieses Büchlin außlassen zugehen / vnnd solcher massen an tag zu bringen / zu nutz vnd gut / nicht allein den jungen angehenden / die lieb vnnd lust zu dieser Kunst haben / daß sie durch mein treuwlich vnderrichtung / ohn ein sonderlichen Lehrmeister / ein jeglich Prob auff das gesicht / oder durch feuwer / vnd arbeyt deß starcken wassers / gnugsam machen / vnd für augen legen können / sonder auch den jenigen / so vormals ein gut wissens dieser Kunst haben / damit sie zu weiterm verstand / mehrer vbung vnnd fleiß gereytzt werden / Auch die begerenden / mit spitzfündigem verstandt vnderrichten vnnd lehrnen können / rc. Verhoffe hiemit / es sol mir für kein hochmuth / pracht oder stoltz / von Verständigen geschätzt werden / daß ich hierinnen meinen dienst / mit dieser Kunst (soviel ich deren von Gott empfangen hab) allen guten Freunden getreuwer

meynung

meynung mittheile/so ich mich dessen schuldig befinde/ vnangesehen viel vngetreuwer Künstner/ sprechende: Man soll Kunst halten/ daß es Kunst bleibe/als wolten sie allen Pracht vnd können/ allein für sich behalten/ das laß ich sie verantworten/Vnd wil meine Vorred also beschliessen/vnd mein Büchlin öffnen/mit freundtlicher bitt/ den obgemeldten Spruch deß Rechtgebers auch zu hertzen fassen/mein mühe vnd arbeyt nit zum ärgsten außlegen/ oder mein außschreiben/mit neidigen Zänen zernagen/ sonder nach eins jeglichen vermögen vnd gnad/dem nechsten zu nutz vnd gut fleissig vbersehen/ corrigiren vnnd bessern/ wil ich sampt vnd sonder vmb ein jeglichen/was Würden oder Stands der seye/ zuverdienen geneigt/ vnd willig meins vermögens erfunden werden/ ꝛc. Geben auß Weissenburg/ꝛc.

* * *

Aller Künstner

Vndertheniger

Ciriacus Schreittmann.

Der Erste theil/von den Wogen.

Hiernach ist beschrieben ein Adeliche nützliche Kunst/von Gewicht/ die bey den Müntzmeistern vnd Probierern nicht allein frembd/ sonder vnglaublich ist.

Das I. Capitel.

NEmlich / daß durch ein Rüstung von 20. oder 22. stücken Gewichts / vnder denen das schwerest leichter sey dann ein halb Quinten/ Vnd doch durch zusatz derselbigen 20. oder 22. stück / ein jegklich vernemlich gebräuchlich gewicht/ wie das in Zalen mag genennt werden / zugeben/ vnd vor augen zulegen seye / sonder Woge/ rc.

Man mag auch durch ein solche Rüstung oder Gewicht stück/ ein jeglich prob/ vff Ertz/ Golt / Silber / Kupffer vnnd

Bley/2c. gerecht darthun/ waren Gehalt wiegen vnd geben/ on alle ander vergnügte Centner vnd Marckgewicht/ wie sie die Guardin/ Müntzmeister vnd Kauffleuthe biß hieher gepflegt haben zumachen vnnd brauchen/2c.

So aber dieselbigen Gewichtstück nit zumachen sind sonder ein gute Woge/ wil ich zum ersten beschreiben vnnd anzeigen/ wie man ein Wog machen/ versehen/ vnd was eigenschafft sie haben soll/ wie man ein jegklich Woge/ probiren/ examiniren/ Corrigiren/ allen mangel vnnd fehl erkennen/ erstatten vnd wenden/ soll/ Auch wie die Wogen in scharpffem wiegen zubrauchen/ vnd alle Gewicht zumachen sind/2c.

Wie man ein Probirwoge machen soll.

Das II. Capitel.

ANfänglichen laß dir von einem reynen guten Zeug odder Stahel ein Wogenbälcklin ohngefehrlich solcher

cher lenge vnd maß/wie diese entwerffung anzeigt/schmieden / daß es gantz vnd nicht

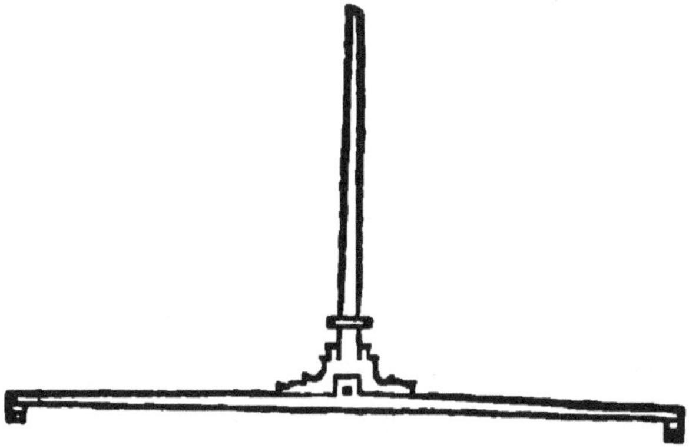

hol oder schiefferig im schweissen sey worden / krepff oder biege die beyden ende deß Bälcklins / vnnd die zwey öhrlin bore mit einem Rennbor durch/ also daß die Löcher außwendig enger seind dann innwendig/ Darnach feihele das Bälcklin / vier oder acht eckig/oder rundt deines gefallens mit seiner Zungen / vff das aller fleissigst/ daß es zum wenigsten 60. mal so lang seye/ als es bey dem Nagel dick ist / so wirdt es schwanck / vnd gewinnt ein rechte proportion / Nach dem so bore mit gemeldtem Rennbor ein löchlin zu dem Nagel gehörig/vñ mit einem gevierten Feihelin mach es vber ort viereckecht.

Hab auch in guter acht/daß du den Nagel nicht zu weit vndersich in das Wogenbälcklin senckest/ sonder zum allermeisten/ daß der Nagel mit seiner scherpffe vff das halb theil deß Wogenbälcklins kom̃e / vrsach/so der Nagel zuvil vndersich gesenckt ist/mag man den Balcken nit gründtlich examiniren/so jhm schon die Becken oder Wogschalen angehenckt werden/ scheußt er allwegen vndersich mit dem einen arm/ er sey gleich zu leicht oder zu schwer/ꝛc.

Darnach feihel den Nagel gewiert/daß er in das Loch gerecht sey/vñ an den enden oder seiten mache jhm absetzlin / doch daß der vnderist ort/da er vff werben soll / vngefeihelt vnd scharpff bleibe. So nun der Balcken vnd Nagel zugerüst/vnd vff das aller fleissigst gefertigt ist/so schab den mit eim scharpffen schabmesser/oder Stahel/ vnd den vndern ort deß Nagels/ laß nicht gar schneidend scharpff/sonder ziehe jn ab vmbs briefen / vnd verniete jhn mit einem

Püntz-

Päntzlin in sein verordent Loch/ daß steiff vnd fest stehe.

Demnach hert es also/ glüe das Bälcklin in der mitte/ stoß es in ein kalt Wasser nach der lenge vnnd nit nach der zwerche/ dann das Bälcklin wirfft sich gern vbersich/ vnd wirdt krum̃/ Darnach so mach die öhrlin auch glatt/ vñ hert sie zu beyden enden/ Balier es vffs saubérst/ vnd schön glantz/ so ist das Bälcklin gefertigt/ rc.

Darnach richt das Klöblin zu/ das soll auch auff das aller fleissigst gefeihelt vnd geschabt werden/ vñ die zwey öhrlin/ darauff der Nagel schwebt oder würpt/ sollen auch scharpff/ glatt/ vnnd gehert seyn/ wie von dem Bälcklin gemeldt/ So es also zuberent ist/ so versamle es/ Examinir/ Corrigier es/ wie du hören wirst/ rc.

Auch ist zumercken / daß man allweg/ ehe man das Bälcklin vnd Klöblin hertet/ zuuor das Bälcklin rechtfertig vñ probir/ vnd nach dem herten/ widerumb vffs aller scherpffest vnd fleissigst vbergehe/ dann es verandert sich gewönlichen im herten.

Ein ander weise vonn dem Nagel vnd dem Wogenbalcken zumachen/ mag auch besser seyn.

LAß das Wogenbälcklin besonder schmieden/ vnnd kein Zünglin daran / sonder daß es in der mitte ein Wärtzlin hab / dardurch der Nagel gehen mög / dergleichē laß das Zünglin auch gerade vnd besonder schmieden/ Vnnd so du das Bälcklin außgefeihelt vñ bereyt hast/ so spalt das Wärtzlin mit einer gebogenen Feielen/ biß hinab vff das Bälcklin/ in den selbigen Feielstrich füge das Zünglin/ vnd so es außbereyt ist / so setz er in den strich/ zur ruhr hinab vff das Bälcklin/ vnd treib das Wärtzlin zusamen mit einem schrauff stecken / daß das zünglin steiff dariñ stehe/ lödte es mit silberem schlaglot. Vnd so du es wilt bedragen/ netze es mit diesem Wasser/ das von Vitriol / Salarmoniac/ vnd scharpffem Essig gemacht seye / Vnnd so das Zünglin inngelödet ist / so zeichne das Löchlin zum Nagel vff beyden seiten deß

Wärtz-

Wärtzlins mit einem Püntzlin / bore mit einer Rennspindel vonn beyden seiten ein rund Löchlin dardurch/dann feihele es geuiert vbereck / also daß ein ort gerad vnden stehe / in mitte deß Bälcklins / So das Löchlin gefeihelt ist / so feihele den Nagel solcher massen / wie du gehört hast/treib jn in sein Löchlin hert/vnd balier es angezeigter weise.

Von der Zungen der Wogen.

Item / so die Zung deß Wogenbälcklins oben auß fast dünn were/ vnnd nit gespitzt/sonder durch auß in einer breyte/vnd were weiß / vnd die Arm deß Klobens hetten gleich dieselbige breyte wie die Zunge/ vnd weren mit Firnuß schwartz angestrichen/so were es desto leichter vnnd scherpffer zu sehen/wann die Zung im Kloben stünde / dann so sie spitzig vnd scharpff oben auß ist.

Der Erste theil/
Wie man ein probier Woge im wigen versehen soll.

Das III. Capitel.

SO du nun dein probier Woge jetzt gezeigter massen mit allem fleiß gefeihelt/geschabt / vnnd ein mal gerechtfertigt/gehert vnd baliert hast/ so solt du sie im wiegen also versehen / Laß dir machen ein Geheuß/ das zu beyden seiten verglaßt sey/ darinn die Woge mit gutem raum hangen möge/vnverhindert/damit sie mit einem darzu gemachtem vffzüglin oder schwengelin / auff das aller sanfftest vffgezogen vnd gebraucht mög werden.

Item/du solt auch gewarnet seyn / daß du dise Woge nit an dem Lufft brauchest/ sonder an einem bequemen ort / als in einer Stuben/oder in einer andern behebenstatt/darinn sich kein Wind oder Lufft bewegen könne.

Item/ du solt auch die Woge nit nahet bey den Fenstern brauchen/dann sie seind

selten

selten so beheb / der Windt schlegt vnnd dringet hindurch/vnd beweget die Woge.

Item/es ist auch fast gut zu schnellem vnd scharpffem wiegen/ vnd nemlichen so man ein Wog examiniert / daß du ein Bretlin zu förderst an die Thür deß Wogenkasten anlehnest / doch solcher höhe/ daß du oben hinein sehen könnest/ dann es fürdert sehr/ vnd kompt die Woge schwebend dester ehe in ein stille ruhe.

Nota.

Dieser Wogen solt du verschonen/daß du nit schwer darmit vffziehest/nemlichen vff ein Quinten gemein Marckgewicht/ vnd nit darüber/dann von schwerem Gewicht wirdt die Woge träg / lahm vnnd falsch. Dieser jetzt angezeigter stück soltu keins verachten / dann sie fast dienstlich seind/ wie du in dem gebrauch selbs finden wirst/ꝛc.

Von eigenschafft einer guten Wogen.

Das IIII. Capitel.

SO du nun dein Wog solcher massen versehen hast mit einem verglaßten gehäuß/2c. so soll sie haben zweyerley eigenschafft.

Das erst/daß sie gerecht sey.

Das ander daß sie schnell sey.

Gerechtigkeit der Wogen.

Gerechtigkeit der Wogen stehet in vier stücken.

Das erst / daß der wogenbalcken strack oder gerad/vnd seine zween Arm vom Nagel hinauß gleich lang seyen.

Das ander / daß die spitz der Zungen/ gleich ferr von beyden enden deß Wogenbälcklins stehe.

Das dritt / daß beyde Schalen gleich lang geseylt sind.

Das vierdt/daß der Nagel in zimlicher höhe stehe / dann so der Nagel zu nider stehet/als an vielen Cöllnischen Wogen geschicht / so mag der Balcken ledig nicht schweben/ sonder scheußt vndersich / vnnd

mag

mag (wie obgemeldt) nit gründtlichen examiniert werden.

Schnelligkeit der Wogen.

Die schnelligkeit der Wogen steht gleicher massen in vier stücken.

Das erst / daß der Wogenbalcken lang vnd schwang sey / nemlichen / sechtzig mal so lang als er bey dem Nagel dick ist.

Das ander / daß der Nagel vnden da er aufligt vnd wirpt / scharpff vnd doch glat sey / Deßgleichen die Löcher im Kloben / vñ die örlin an beyden enden deß Balcken / auch hert / scharpff vnd glat seind.

Das dritt / daß die Zung lang vnd oben am spitz dünn sey.

Das vierdt / daß beyde Arm deß Balcken gleich schwer sind.

Wie man ein Wog probiren soll.

Das V. Capitel.

WIltu nun dein Wog probiren ob sie gerecht sey/ so lad sie mit zweien gleichen Gewichten / die man nennt Eichgewicht/ (wie aber dieselbigen Gwicht gemacht werden / wirstu hernach hören) laß die Woge von jhr selbs / so sie schwebt/in ein stille ruh kommen / Stehet sie dann gerad vnd gleich mit der Zungen im Kloben/so thu die Gewicht herab/vnd ziehe sie ledig auff / stehet sie dañ wider gerade in jhrer ruhe im Kloben / so ist sie gerecht on mangel. Stehet aber die Zung nit gerad im Kloben/ sie sey geladen oder nit/ so hat sie ein gebrechen/den mustu suchen/ vnd die Wog examiniren wie hernach folget.

Wiltu dann wissen ob die Wog schnell sey/das erfehrest du durch leichte gewichtlin / dann soviel sie leichter Gewicht vernimpt / soviel sie auch dester schneller ist/ nach jrer Proportion zurechnen. Auch so sie lang schwanckt / ehe sie in ein stille ruhe kompt/ist ein gute anzeigung einer schnellen Wogen.

Wie man gleiche Gewicht machen soll/ die man nennet Eich-gewicht.

Wiltu gleiche Gewicht machen (das da ein Fundament alles wigens ist) so thu jm also: Nim ein schnelle Wog / ligt nit viel daran / daß sie nit gar gerecht / allein daß sie schnell sey / leg in eins seiner Becken oder Schalen / ein gewicht von Messing/ Kupffer/ oder Silber/ an einem stück deines gefallens/ vngefehrlichen vff ein halb Quinten schwer / oder ein wenig leichter/ dann zu den Eichgewichten sind sie nit nütz zu schwer/ es thut den Wogen weh/ macht sie lahm/ ꝛc. In die ander Schal leg stücklin bley / oder andere Messine vngeeichte Gewicht stück/ so lang biß die Zung gerad ruhend im Kloben still stehe / Darnach so thu das erst Gewicht/ das da soll ein Eichgewicht werden/ herab / mache von Messing/ Kupffer/ oder silber/ ein anders dem ersten gemeß / mit feihelen vnnd schaben/ auch vffziehen / daß es dem vorigen gleich werde/

werde/ vnd die Zung wider im Kloben ste-he/ wie sie erstmals gestanden ist / auff das aller scherpffest/ ꝛc.

Diese zwey Gewicht seyn ohne zweiffel einander gleich / dieweil sie auß einer schalen/ vnnd von einem Arm deß Wogenbalckens gemacht vnd gewicht sind / ob schon die Wog falsch ist/ allein daß sie schnell sey. Diß wirstu gründtlichen auß den Exempeln deß eylfften Capitels verstehen werden.

Wie man ein Wog examiniren soll.

Das VI. Capitel.

SO du nun die Woge mit den jetzt-gemachten Gewichtstücken / die man nennet Eichgewicht/ geladen vnd auffgezogen hast/ vnd die Zung stehet nit gar im Kloben/ sondern du befindest einen außschlag / so hat sie gewißlich ein gebrechen / den magstu an dreyen enden suchen.

Zum

Zum ersten / an den geseylten Wogschalen.

Zum andern/an der spitzen der Zungen.

Zum dritten/an dem Wogenbälcklin.

Wie man die Wogschalen iustiren soll.

Das VII. Capitel.

Vssti die Wogschalen vnd seyl oder beschnür sie mit allem fleiß / daß die schnürlin alle in ein lenge kommen/an beyden Schalen / Darnach wig sie auff einer schnellen Wogen / seind sie dann vngleich an der schwere/ so mach sie gantz gleich vnnd gerade / Doch sollen sie auß einer Schalen/ vnnd von einem Arm der Wogen gewigt vnnd iustiret werden/ wie ich gelehrt hab die Eichgewicht zumachen/so werden sie gerecht.

Wie man die Zung der Wogen richten soll.

Das VIII. Capitel.

Darnach

DArnach besihe die spitz der Zungen daß sie gleich ferr von beyden enden deß Balckē stehe/ das erfehrst du also: Nim̃ ein eisinen Droth/ schlag jn an einem seiner end dünn/ vnd zu forderst streich jhm mit einer Feihelen ein Kerb/ die innwendig spitz vnnd eng sey / dann biege den Droth an beyden enden/ wie diese entwerffung oder Figur anzeiget / dermassen so du das Kerblin setzest vff die scherpff der zweyer öhrlin/ die sie iñwendig haben / vñ nemlich an der statt/ da das Wolffänglin ruhet/ darinn das Becken gesenlet ist/ daß dann der ander ort deß Droths mit seiner kropung rühr die Zung obē an der seiten/ vñ sey gleich hoch der spitzen der Zungen/ denselbigen Droth setz vff die scherpffe der beyden öhrlin/ vnd richt dardurch die spitz der Zungen / daß sie gleich ferr stehe vonn beyden scherpffen der öhrlin / darnach nimb den Wogenbalcken für dich/
etc.

Wie

Wie man die gebrechen deß Wogenbalckens erstatten soll.

Das IX. Capitel.

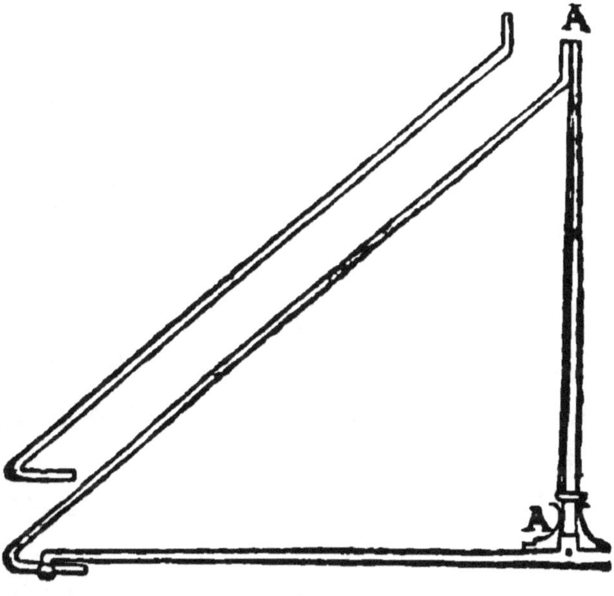

SO du die Zung der Wogen recht gericht hast/vnd jre geseylte Becken gleich schwer seindt/ dann suche die gebrechen deß Balckens/vnd die seindt zweyerley.

Der erst/ daß die zween Arm deß Wogenbalckens vngleich lang sind.

Der ander / daß sie vngleich schwer sind.

Vnd dieselben gebrechen magst du also erkennen: Ziehe die Wog ledig vff vngeladen/ steht die Zung dann just vnd gerad im Kloben/ so mag sie dennoch gebrechen haben/ die such also: Lad die Wog mit zweyen Eichgewichten/ die einander an der schwere gerad gleich sind/ vnd der Wogen auch gemeß/ nit zuleicht noch zuschwer/ ziehe die Wog vff/ laß sie schwancken von jhr selbs still stehend in ein ruh kommen / stehet die Zung dañ gerad wider im Kloben/ wie vor da sie ledig ist worden vffgezogen / so hat die Woge kein mangel / Schlegt sie aber geladen auß/ so ist gewiß der ein Arm lenger dann der ander. So aber die Wog ledig vnd vngeladen ist vffgezogen / vnd die Zung schlegt auß / das mag kommen auß dreyerley vrsachen.

Die erst/ daß der ein Arm zu lang sey.

Die ander/ daß er zu schwer sey.

Die

Die dritt / daß er zu lang vnnd auch zu schwer sey.

Darumb merck auff den Außschlag / Ist dann der Außschlag im laden grösser dann so die Wog ledig ist / so ist der Arm zu lang / Ist er aber kleiner / so ist der Arm zu schwer. So du nun die gebrechen erkennest / so erstatte sie wie folget.

So der eine Arm deß Wogenbalckens zu schwer ist / so feihele oder schab jhn an den enden da es not ist.

Wo es aber not ist oder sey / das gib ich deinem fleiß zu erkennen. Doch soltu wissen / daß das feihelen oder schaben mehr vernimpt ferr vom Nagel dann nahe darbey. So aber der Arm zu lang were / so mach jhn kürtzer / vnnd dasselbig magst du thun an den öhrlin / entweder daß du es hinder sich biegest / oder daß du es zu eusserst abfeiheleft. Oder daß du den kurtzen Arm lenger machest / auch auff zween weg: Entweder daß du das öhrlin fürsich biegest / oder den Arm lenger hinauß treibest / mit kleinen Hammer streichlin / rc.

Der Erste theil/
Wie man die Wog in scharpffem wigen brauchen soll.

Das X. Capitel.

SO du nun dein Wog aller dings zugericht/mit fleiß examiniert vnd corrigiert hast / so soll man wissen auch dieselbig zugebrauchen / damit du scharpff vnd vnbetrieglich wigest/vnd das stehet in zweyen stücken.

Zum ersten / daß Wog vnd gewicht einander gemeß sind/ Also daß die Wog dem Gewicht nicht zu schwach / Oder daß das Gewicht der Wogen nit zu leicht sey.

Zum andern / daß die Wog schwebend in ein stille ruh kommen möge. Vnd ist zu wissen / daß in nachbeschribnen zweyerley Gewicht werden gemeldt/ Als/ geeicht gewicht vnd vngeeicht gewicht.

Geeicht gewicht sind die/deren schwere durch zale gemerckt ist.

Vngeeicht Gewicht sind die / deren schwere nit durch zal gemerckt ist.

Wiltu

Wiltu nun gantz scharpff vnnd recht wigen / so solt du den zweyen Armen deß Balcken mit jhren angehenckten Schalen oder Bodemen zweyerley Namen geben. Den einen Arm nenne den geeichten/ Arm/deßgleichen sein Schale die geeichte Schal / dieweil daß jhnen die geeichten Gewicht zugehören. Vnnd den andern Arm mit der Schalen / nenne den vngeeichten Arm / dieweil jhm die vngeeichten Gewicht zugehören. Oder nenne die eine Schal/A. vnd die ander Schal B. Oder nenne dein eine Schal die Rechte schale/ vnd die ander die Lincke schal nach deinem gefallen. Vrsach solcher Namen ist / daß solche gerechten Wogen von gleichen Armen an lenge vnd schwere/ selten oder nimmer gefunden werden / Nemlichen in kleinen Gewichten/in dem daß es nit müglich ist jhr leng so scharpff zumessen/noch zusehen / als die notturfft erfordert / so brauch diese nachbeschriebne Vnderweisung / ob schon die Woge nit gerecht vnd falsch were/allein daß sie schnell sey/2c.

Der Erste theil/

Mit einer ungerechten Wogen recht zuwiegen.

Das XI. Capitel.

WJewol ich dise unterweisung und lehre/ gleichförmig in dem fünff/ten Capitel/ wie man die Eichgewicht machen soll/ angezeigt/ hab ich doch (dieweil es die rechte Wurtzel und Fundament alles wigens ist) solches repetiert/ damit es in scharpffe und frische gedächtnuß gefaßt werde/ rc.

In rechtem wiegen mit einer falschen Wogen/ soltu allein dem Balcken/ da das geeicht Gewicht ligt glauben geben/ unnd nicht dem andern / so wigstu gerecht / die Wog sey gerecht oder nit/ diß wirstu verstehen auß den nachfolgenden Exempeln.

Was wiegen sey.

Darumb solt du wissen/ daß wiegen als hieher dienet / ist nichts anders/ dan durch

Wog

Wog zu finden oder zuversamlen/ein gewicht das gleich schwer sey dem erst gegebnen oder gelegten Gewicht / vnnd das ist auch zweyerley.

Das erst / so man suchet ein gleich Gewicht/aber nit geeicht.

Das ander/so man suchet ein Gewicht das geeicht ist.

Exemplum deß ersten.

Du wilt machen zwey Gewicht einander gantz gleich/als oben von den Eichgewichten angezeigt ist/ꝛc. Du begerest aber nicht zuwissen die Zal jhrer schwere / Thu jhm also: Nim für dich ein Gewicht deins gefallens / leg es in ein Schal/merck die rechte Schal/oder in die Schal/A. oder in die geeicht/ꝛc. Leg dargegen in die ander Schale so viel vngeeichte Gewicht / biß die Zung Bleyrecht im Kloben schwebend in ein stille ruh komme/ Heb die erst schwere deß gantzen Gewichts in der geeichten oder A. Schalen herauß / lege in sein

 statt

statt ein anders/ beschneid vnd feihele es so lang biß es die schwere hat/ vnnd die Zung im vffziehen widerumb gerad innstehe wie vor / Dasselbig wirdt gleich schwer seyn dem außgehabenen Gewicht ohn allen zweiffel/in dem daß sie von einem Arm vñ auß einer Wogschalen gemacht vnnd gewigt seyn/ꝛc. Also magstu vil Gewicht ein ander gleich machen. Auch sollen die wogschalen erstmals ehe sie angehenckt solcher massen Gewigt vnnd mit den Schnüren iustiret werden / wie angezeigt im 7. Cap.

Exemplum deß andern.

Du hast etwas als ein Prob korn / vnd wilt wissen sein gewicht oder schwere bey der zale/thu jhm also/ Lad es in der Schalen eins / als in die recht / Lad dargegen in die lincke Schal vngeeichte Gewicht von Bley oder anderem biß die Zung gerad vñ Bleyrecht im Kloben stehe / Thu es herab auß der rechten schalen/vnd laß die Bleyenen oder vngeeichten Gewicht vnverrückt

in der

in der lincken Schalen ligen / Leg an die statt deß außgeschabenen geeichten gewicht / so lang biß die Zung widerumb Bleyrecht im Kloben stehe als vor / so erfehrstu daß du gesucht vnd begert hast / ꝛc.

Also soltu in allem scharpffem wiegen / die Wog brauchen. Solcher massen sollen auch alle Proben inn vnnd außgewigt werden / Doch daß man in dem Centner vnnd Ertz proben das Bleykorn abziehe / wie du hören wirst / vnd zu einem Beschluß diß Ersten theils meins Büchlins / so nüff diese Regel.

Regula.

Wie grecht die Waag ist nit druff bauw /
Allein der einen Schal vertrauw.

Versteh also / wie gerecht vnnd fleissig die Probierwog jmmer mag seyn / so soltu jhr nit getrauwen / sonder zu allem wiegen sie brauchen / als wann sie nit gar gerecht were / daß du alle gewicht auß einem Becken nemmest / sonderlich an sehr leichten Gewichten / Dann es begeben sich so viel seltzame bewegungen an den Wogen/deren vrsach niemandt bekandt ist noch finden kan.

Ende deß Ersten theils/ dieses Buchs.

Folget nun der Ander Theil.

Der Ander theil diß Büchleins/von Gewichten.

Das I. Capitel.

AVff daß ich der zusagung in dem Tittel diß Büchleins beschehen gnug thue/ so wil ich beschreiben die Rüstung/ darmit man erfüllen vnnd vor Augen legen mag/on ein Wog/alle gebräuchliche/vernemliche Gewicht/ wie die in geraden vnd vngeraden/ gantz oder gebrochenen/ Zalen mögen genennet werden/2c.

Darzu mustu haben etlich gleiche Gewichtlin/die doch so gering sind/ daß keine Wog/wie schnell vnd gerecht die ist/ deren zwey/drey oder vier/sonder derselbigen 10. mit einem zimlichen außschlag/der zumercken sey/ vernemmen mag/die müssen auch mit vortheil on ein Wog also gemacht werden.

Der Ander theil/
Wie man Gewicht (die einander gleich/aber in keinen weg vernem=lich sind) machen soll/rc.

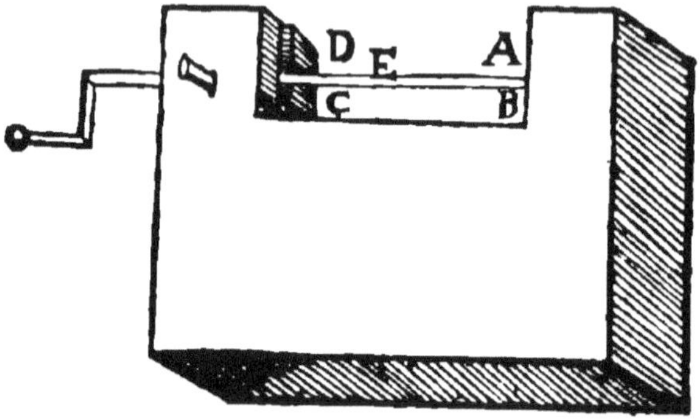

Nim ein büchen Bretlein zimlicher dicke/ mach ein Instrumentlin wie diese entwerffung anzeigt / außge=schnitten mit einer Kerffen A B C D. mach darein ein eisinen Droth / gebogen mit einer Korben/ darmit man vmdrehet/ nahe bey der Korben ende flach oder quet=sche den Droth ein wenig flach / mach ein klein Löchlin dardurch / wie das E. anzei=get/ darnach spalt das Zäpflin D. in dem Bretlin / daß der Droth gedrang hinein

gehe/

gehe/vnd vmbgedrehet mag werden/ oben mit einem zäpfflin verschlossen/vnd in das ander zäpflin A. deß Bretlins/bor ein kleines Löchlin/doch nicht gar durch / daß der Droth dariñ vmbgehen vnd wirben kan/ etc. so ist es fertig vnd zugericht.

So du das Instrumentlin also hast zugericht / so spann es in ein schrauffstecken/ vnd nimb ein messin oder stähelin Dröthlein / den aller dünnesten so du gehaben magst/stoß jhn mit einem ende in das Löchlin E. drehe die gemachte Korben deß dicken Droths vm̃ / wickel den kleinen darauff soviel du magst/ doch einen schlag zur ruhe hert an den andern / Dann begreiff die beyden Dröth/halt sie mit der Handt/daß der gewickelt Droth nit vfflauffe / Steck sie also vnverrückt in ein Klammern von einem messinen Blech gemacht / zusamen geschlagen/ fornen offen / solcher weite/ daß du den Droth also vffgewickelt darein dringen magst / also hert / daß der gewicklet Droth nit mag vfflauffen. Darnach spann das Blech mit den Dröhten

hart

hart in ein schrauffstecken / hauwe die vff-gewickleten schleg mit einem scharpffen Messer entzwey/vnnd thu den Droth her-auß / streyff die Ringlin von dem eisinen Droth vff ein weiß Papier/such die Ring-lin herauß die einfach seyn / Was aber nit einfach ist/das wirff hinweg/dann die sind nicht nütz zu der arbeyt 2c. Diese Ringlin seind einander ohn zweiffel gleich / dieweil die beyden Dröth durch ein Loch sind ge-zogen / doch ein jeglicher nach seiner art. So du aber zweiffel daran hettest / daß sie nit gleich schwer weren/so brauch die nach folgende Probe/2c.

Ein ander vnnd viel bessere mey-nungen kleine Gewichtlin zu machen.

NImb ein Brendlin darauß man grabstückel pflegt zumachen / glüe es wol auß / daß es zu feihelen sey/ mach darauß ein Püntzlin solcher massen: An einem seiner ort feihele jhm ein flach/

geuiert/

geuiert/oder vberlengt / als hie verzeichnet ist/ . . Also daß derselbig geuiert oder vberlengt Boden sey scheitrecht/ vnd seine vier seiten sollen nit winckelrecht sonder gebiest seyn/wie dañ diese entwerffung

anzeigt. Vnd das darumb / daß die stück damit gestempfft/gern außgehen / Dann so die vier seiten winckelrecht vbersich gefeihelet weren / so steckt sich das gestempffe zu gedrang in das Zinn/vnnd ist nit leichtlich herauß zu gewinnen. So das Püntzlin also gefeihelt ist/so hert es/glet oder balier es mit einem Wetzstein oder Gerbstein/rc.

Darnach nimb ein dünnen Messing den man nennt Goltschaum / begreiff jhn mit deinen Fingern / vnd fühle wo es gleiche dicke habe / da schneid mit einer Scheren ein stück herauß / eins zolls breyt vnnd lang vngefehrlichen / legs zusamen ein halb theil auff das ander / begreiff also beyde

beyde stück mit deiner lincken Handt / vnd behalt sie vffeinander vnverruckt / beschneid sie gerings vmbher mit einer scheren / an den vier seiten / so werden es zwey stück / gleicher leng vnd breyte. Dann wig sie auff einer schnellen Wogen. Seind sie dann gleich schwer / so ist sich auch wol zu vermessen / daß sie auch gleich dick seyn. Seind sie aber nit gleich schwer / so nimb derselbigen stück eins / welches dir gefellt / leg es wider zusamen / mache darauß zwey stück / gleicher leng vnd breyte wie vorhin / das treib so lang biß du findest zwey stück / gleich in lenge / in breyte / vnnd in schwere / Derselbigen stück eins leg vff ein stampff Zinn / doch daß das stampff Ziñ auch glatt vnd sauber geschabt sey / rc. Stempff darauß mit dem vorgemachten Stempfflin oder Püntzlin / zwentzig oder dreissig stück / mit kleinen streichlin / schneid oder stich sie subtiel auß dem Ziñ mit einem Bollstückel oder anderm Zeug / bieg sie gar fleissig / daß du sie mit einem Kornzänglin magst ergreiffen / vnd auffheben / rc. Diese stücklin

werden

werden einander auch gleich seyn an der schwere/dieweil das Blechlin ein dicke vnd grösse gehabt hat. So du aber das zweiffelest / magstu es also probiren ob es war sey oder nicht/2c.

Ob kleine Gewichtlin einander gleich sind oder nicht.

Das II. Capitel.

Nimm der Ringlin oder der jetztgemachten Gewichtstücklin 10. lege sie in die gerichte Wogschale / vnd mach jhnen ein gleich gewicht/ von Bley/ dann nimm die 10. Gewichtlin herauß/ lege sie an ein zeil vff ein weiß Papier/vnd nimm andere 10. leg sie in dieselbig Schale / wig sie gegen dem Bleyengewicht/sind sie dann gleich schwer/so magstu dich versehen/daß die 20. Gewichtlin einander gleich sind. Wiltu sie dann noch eigentlicher probiren/ so leg die 10. Gewichtlin in der Schalen an ein zeile/nimm 6.oder 7.darvon/leg andere 6. oder 7. an die statt/ das treib so lang biß sie zu beyden seiten abgewechßlet sind/ findest du sie dann alle mal gleich/ so magst du dich künlich verlassen/ daß sie alle einander gleich sind. Diese Gewichtlin behalt fleissig in einem Büchßlin/ oder darzu gemachten Lädlin/ wie es die Jubilierer haben/ mit Löchlin/ darinn ein jegklichs in sonderheit mit gutem raum ligen möge.

Von den Namen dieser Gewichtlin.

Das III. Capitel.

Diese Gewichtlin werden genennt Elementlin/ oder Atomi/ Stüplin/ oder Minutzlin.

Vrsach.

Elementlin/ werden sie genennt/ dieweil alle andere Gewichtstück von denen werden erschaffen vñ zusamen gesetzt/ wie alle andere

andere irrdische ding ihren vrsprung vnnd leben von den Göttlichen Elementen haben/rc.

Atomi oder Stüplin / von wegen daß sie so gar leicht sind / vnnd gleichen dem Staub/den die Sonn in ihrem schein vffzeucht.

Minutzlin / vonn wegen daß sie so gar klein sind / vnd der geringste theil vnder allen Gewichten zurechnen.

Wie man durch die Element auffsteigen/vnd andere Gewichte machen soll.

Das IIII. Capitel.

Vlfin 10. Elementstück / leg sie in die rechte Schale / vnnd leg dargegen in die lincke Schale Bley oder andere vngeeichte Gewicht / daß die Woge mit der Zungen gar scharpff innstehet.

Dann nim̃ die 10. Element herauß/ vnnd mach ein gantz stück von Silber oder Meß gegen dem Bley durch feihelen vnnd scha-ben/ innlegen vnd vffziehen/ so lang biß die Zung wider scharpff im Kloben innstehet/ gleich wie den vorigen Elementlin/ dasselbig stück ist also schwer/ als die 10. Elementlin/ das sey gewiß / in dem daß sie gegen dem Bley gleich den Elementen in derselbigen Schale die Zung bewegt haben/ rc.

Dasselbig stück laß also in der rechten Schalen/ vnd leg darzu die 10. Element/ schneid in die lincke Schal vonn Bley so lang biß die Zung gerad innstehet / dann leer auß die rechte Schal / vnnd mach ein gantz stück gegen dem Bley daß die Zung scharpff innstehe/ wie vor / dasselbig wirdt seyn zweymal so schwer als die 10. Elementen/ das laß ligen im rechten Becken/ vnnd leg darzu das erst gantz stück / oder die 10. Element/ welchs dir gefellt/ gilt gleich vil/ schneide vonn Bley in das lincke Becken/ biß die Zung im Kloben innstehet / dann leer auß die rechte Schale / vnd mach darinn ein gantz stück / daß die Zung im Kloben stehe / so wirdt dasselbig stück dreymal so schwer als die 10. Elementen / das laß ligen im rechten Becken / leg darzu das erste gantze stück / vnd beschwer die lincke Schal mit Bley / biß die Zung scharpff innstehe / darnach leer die rechte Schal aber auß / mach ein gantz Gewicht stück darinn / daß die Zung allemal scharpff im Kloben ruhend stillstehe / diß Gewicht wirdt viermal so schwer seyn als die 10. Elementen.

Also hast du vier gantze stück gemacht: Das erste ist gleich so schwer als die 10.

Elementen / dem stempffe ein Pünctlin. Das ander gantz stück ist zweymal so schwer als die 10. dem stempffe 2. Pünctlein. Das dritt ist dreymal so schwer als die 10. Elementen / dem stempffe 3. Pünctlin. Das vierd ist viermal so schwer als die 10. Elementlin / dem stempffe 4. Pünctlin.

Darnach nim ein Blech das ein wenig dicker sey / vnd mach aber vier gantze stück /

also daß das erst sey als schwer/ als die vier jetzgemeldten stück / dem stempffe ein Pünctlein. Das ander/ zwey-mal so schwer als das erste / dem stempffe 3. Pünctlein. Das dritt/ dreymal so schwer als das erste/ dem stempffe 3. Pünctlin. Das vierdt/ viermal so schwer als das erst/dem stempffe 4. Pünctlin.

Demnach nimb aber ein ander Blech/ das starck oder dicker ist / vnnd mach noch vier stück. Das erste als schwer/ als die vier nechstgemeldten Gewicht. Das ander / zweymal so schwer. Das dritte / dreymal so schwer als die vier. Das vierdte/ viermal so schwer als die vier obgemeldten.

Doch sollen sie allwegen mit obgeschriebener weise gemacht werden/ daß sie auß der rechten Schalen/ deß rechten Arms gewigt werden.

Nota.

Nota.

Hie merck daß viel besser were / daß solche Gewichtstück von feinem Silber / das sauber außbereytet vnnd gegerbt were / gemacht würden / Vrsach / das Silber vberlaufft nicht so baldt mit einem grünen rost als der Messing. Es ist auch gut / daß man das Silber oder Meß dünn schlag zu einer jegklichen gattung / daß du es mit einer scharpffen Scheren schneiden magst / dann seindt die Gewichtlin schnell zu machen / Sie bleiben auch schön glantz / das nit geschicht so man sie feihelen muß. Item / du magst sie auch wol mit einem scharpffen Schnitzer oder Gneipen schneiden / rc.

Zuversichen was ein jegklichs deren Gewicht bedeutet.

Das V. Capitel.

WIltu nun wissen was ein jegklichs der zwey vñ zwentzig gewichtstück bedeut / So soltu mercken / daß sie gericht sind auff die Zifferzale/ oder ander gemeine Rechnung vff die Linien gestellt. Also sind die ersten 10. Elementstück an die erst statt vermeynt / darauß du magst legen 1.2.3.4.5.6.7.8.9.10. Vnd das sind eitel eintzlinge stüplin / bedeut jeglichs nicht mehr dann sich selbs / wie vnitas an der ersten statt der Ziffer / rc. Darnach hast du vier Gewichtstück von einem starcken Blech geschnitten / hat das erste ein Pünctlin/das ander 2. Pünctlin/das dritt 3. Pünctlin / das vierdt 4. Pünctlin/Bedeut 1.2.3.4. gleich wie vnitas an der zweyten statt/das ist 10.20.30.40. Atomi/dardurch magstu auch legen 50.60.70.80.90. stüplin schwer.

Darnach hast du 4. Element stück von einem stercker en Blech/werden vermeynt wie vnitas an der dritten statt / seindt gezeichnet mit Pünctlein / aller massen wie die jetztgemeldten Minutzlin an der zweyten statt / darunder bedeut das kleinest 100. das ander 200. das dritte 300. das vierdte 400. Durch diese vierstück magst du auch

legen

legen 500.600.700.800.900. Minutzlin schwer/ꝛc.

Noch hast du vier stück von dem sterckſten Blech geschnitten/die bedeuten als vil als vnitas an der vierdten statt/ sind auch alle mit Pünctlin gezeichnet/wie die obangezeigten Gewicht/ Darunder bedeut das kleinest 1000. das ander 2000. das dritte 3000. das vierdt 4000. stüplin schwer/ darzdurch magst du auch geben 5000. 6000. 7000. 8000. 9000. vnd 10000.

Also hastu 22. Gewichtstück/ wigen zu samen 11110. Element schwer / Darunder das schwerest leichter seyn soll dañ ein halb Quinten schwer Marckgewicht / so du sie recht gemacht hast/ Doch ligt nit daran so es schon etwas schwerer ist dann ein halb Quinten. Auch magstu mit 20. Gewichtstücken genug haben/darunder das schwerest 2000. Minutzlin wigt/ Aber bequemer ist es / daß du gerüst seyest vff die vollkommende Zal der 22. Gewichtstück / ꝛc. So bistu gnugsam gerüst zu arbeyten obangeregter anzeigung der Gewicht/ꝛc.

Notabile bonum.

10000 Weiter soltu mercken/ daß es
gar nütz vnnd zu vielen dingen
20000 brauchsam were/ daß du mit sol-
30000 cher vnderrichtung auffsteigest/
vnd zu den 22. gewichten noch 12.
40000 gewicht machest mit allem fleiß/
darunder das erste wiget 10000.
das ander 20000. das dritt 30000.
100000 das vierdt 40000. stüplin/ Dar-
200000 durch magstu auch geben 50000.
60000. 70000. 80000. 90000.
300000 stüplin. Darnach mache noch
vier gewicht/ darunder das erste
400000 wige 100000. das ander wige
200000. Das dritt wige 300000.
1000000 das vierdte wige 400000. Dardurch magstu auch gebē 500000.
2000000 600000. 700000. 800000. vnnd
900000. Minutzlin. Darnach
3000000 mache noch vier/ darunder das
erst wige 1000000. das andere
4000000 2000000. das dritte 3000000.
das vierdte wige 4000000. Mi-
nutzlin/

nutzlin / Dardurch magst du auch geben 5000000. 6000000. 7000000. 8000000. 9000000. vnd 10000000. stüplin / etc. Diese 34. Gewichtstück werden völligklich 1. lb. wigen deß gemeinen Landtgewichts / Vnd dienen fast wol zu gesetzte gewicht zu eichen vnd justiren / wie du hören wirst / etc.

Wie man durch die Rechnung gerüst seyn soll.

Das VI. Capitel.

HJe ist zu wissen / daß du durch die Rechnung must gerüstet seyn / Auch daß dir die Eich deß Gewichts der Statt oder deß Landts bekandt sey / Nemlich daß du eigentlich wissest wie viel Minutzlin auff ein Quinten gehen der vorgefaßten Eichen / Darumb nimm für dich etliche vnderscheiden Gewicht / die nach allem vortheil gerecht vnd just sind / Als der Statt Straßburg / Nürnberg / Franckfurt / Cöllen / etc. vnd jeglichen 1. Quinten.

Vnd

Vnd besihe wie maniche vff ein jegklichs in sonderheit gehe / schreib die summa vff/ behalt oder verware die schrifft in deinen gewichtlin in dem Büchßlin oder Lädlin/ Dann auß derselbigen wurtzel mustu alle dein Rechnung machen / wie du auß den nachfolgenden Exempeln hören wirst/ ꝛc.

Wie viel Elementlin auff ein Quinten gehen/ ꝛc

Solches eigentlich zu erfahren / so biß inngedenck der obgeschriebenen vnderweisung deß 11. Capitels deß ersten theils / wie man Gewicht vergleichen soll/ ꝛc. Nimb ein Quinten auß den iñgesetzten Gewichten (wie man aber solche inngesetzte Gewicht eichen vnnd justiren soll / wirstu hernach hören) leg den Quinten in ein schale der Wogen / lad vngeeichte Gewicht/ als von Bley in die ander Schale/ so lang biß die Zung eigentlich vnnd scharpff im Kloben ruhet / dann nimb das Quinten herauß/ leg von den 22. Gewichtstücken deiner

ner Elementlin an die statt / so lang vnnd viel / daß die Zung wider Blyerecht im Kloben innschlegt / vnd ruhet. Nun dieselbigen Elementlin vor dich / schreib vff jhre zale / rc. Als / ich setz / sie wigen 8640. stüpflin / Vff diese zale oder wurtzel seind die nachfolgenden Exempel fundiert deß 7. Capitels.

Nun soltu dieser gefundenen Zal nicht gar glauben geben / sondern das probiren / Nicht darumb daß du vermeynst die summa der Elementlin trag nit zu gegen dem Quinten / Aber der vrsach halben / daß das Quinten den andern inngesetzten Gewichten nicht zutragen möcht / vnd der gewicht Eicher vielleicht gefehlet hett / Derhalben die warheit zu erfahrē / so ersuch das durch grösser Gewicht / Als durch 1. Loth oder 2. durch 8. oder 16. were noch gewisser vnnd besser deines gefallens.

Wie man die summa der gefundenen Elementlin / so vff ein Quinten gehen / probiren soll.

Nun

Nimb die summa der gefundenen Elementlin / probier sie erstmals durch die Rechnung / darnach durch die Woge/ ꝛc. Sprich per Regulam de Tri: Quinten wigt 8640. Atomos/ was mügen 2. loth oder 8. quinten. So kom̃en mir an der zale in der Multiplication 69120. Also viel stüplin sollen gehen vff 2. loth oder 8. quinten/ so die erst Position war ist/ ꝛc.

Dieweil du in deiner zal der Minutzlin so schwer gewicht nit hast/ darmit du 2. loth oder 8. quinten magst ersetzen / so must du noch weiter vffsteigen/ vnnd mehr gewicht machen/ Derhalb hab ich dich nit ohne vrsach im 5. Cap. gemahnet/ noch 12. gewicht stück zu den 22. zumachen/ die du zu dieser auch anderer handlung mit nutz wol brauchen magst/ ꝛc.

Wiltu weiter auffsteigen vnd Gewicht machē/ das magstu auch bequemlich durch die Duplirung also thun: Nim̃ auß deinen Elementē das gröst stück / das wigt 4000. Minutz. mache jhm ein gleich gewicht von Bley/ wie du weißt vnnd gelehret bist/ das

wirdt

wirdt auch wigen 4000. Ele. Diese zwey stück leg zusamen in ein schale der wogen/ mach jhnen beyden ein gleich gewicht von Bley/ das wirdt wigen 8000. Ele. leg das selbig gewicht bey die vorigen/ mach jhnen ein gleich gewicht von Bley/ auff einer bequemen Wogen / das wirdt wigen 16000. Minutz. Mach noch ein stück den gewichten allen gleich / das wirdt wigen 32000. Ele. Also hast du zu den vorigen 22. Elemstücken noch 4. Bleyen gewicht gemacht/ wigen zusamen 60000. stüplin / darzu leg auß deinen 22. Elem. stücke 9120. Minutz schwer/ so hastu bey einander 9. stück/ Nemlich 5. Messinen/ vnd 4. Bleyenen/ wigen zusamen 69120. Elem. So schwer sollen 2. loth wigen nach der ersten Position/ etc.

Darumb besihe vnnd probier es durch die Wog / ob es war sey/ Leg vff ein bequeme schnelle Wog 2. loth deß ingesetzten gewichts / mach jhm ein gegengewicht vonn Bley in die andere Schal / biß die Zung gerade im Kloben ruhet/ heb die zwey Loth herab / vnnd leg die zal der Elementlin/

nem-

nemlichen 69120. Minutzlin an die statt/ findest du dann die Zung gerad widerumb im Kloben innstehen/ so ist die erst Position auch gerecht/ das ist die Zal der Minutz. so auff 2. Loth. gehen/ Als 69120. Elem. rc. Stehet aber die Zung nit gar im Kloben/ so erfüll den gebrechen durch dein Minutz. biß die Zung wider gerad im Kloben steht.

Vnd merck die summa der Minutz. die du zugesetzt hast / entweder zu den zweyen Lothen / dann sind der Minutz. die gegen den Lothen ligen zuviel/ Oder aber hast du zugesetzt den Minutz. dann seind der Element zu wenig gegen den 2. Lothen / vmb so viel als du zugesetzt hast/ rc. So du dann weißt wieviel Element zu viel oder zu wenig an den Lothen sind/ so kanst du auch erfahren per Regulam de Tri. wievil Minutz. zu wenig oder zuviel gesetzt sind auff 1. Quinten / Demnach mehr oder minder die Elem. 1. Quinten nach gelegenheit der sachen/ zu mehr verstandts nim diß Exempel/ rc.

Exemplum.

Ich

Ich achte / du habest der summa der Elem. die gegen zweyen lothen ligen 16. Minutz. müssen zusetzen / darauß folgt / daß der quinten gegen den 2. lothen zu leicht ist. So sprich per Regulam de Tri. An acht quinten fehlen 16. Elem. was fehlet an 1. quinten / rc. Theil die 16. durch 8. so kommen 2. Elem. dieselbigen 2. setz dem quinten zu / so bistu deiner handlung gewiß / rc.

Du magst auch so du lustig bist solche forschung thun an eim halben lb. schwer / gleich wie an einem loth oder an 2. wer fast nütz vnnd gut / wie du in den Fragstücken vernemmen wirst / vnd im Gewicht eichen.

Ein anders.

Ich erachte / du habest den 2. lothen 24. stüplin müssen zu setzen / so zeigt es an daß der quinten zu schwer ist. Sprich per Regulam: 8. quinten sind vmb 24. Element zu schwer / was fehlt an 1. quinten. So kommen in der Diuision 3. Elem. die nimm dem quinten ab / so wirdt er gerecht.

Nun möchtest du zweiffeln/die loth weren falsch/vnnd der quinten wer gerecht/ Darumb soltu es durch grössere Gewicht probiren/vnd suchen/biß du kommest auff ein pfundt / oder noch weiter biß auff das Hauptgewicht.

Ein jegklich begert Gewicht zu geben sonder Wog.

Das VII. Capitel.

SO du die gefundene summa / nemlichen 8640. Elemen. eigentlichen probirt hast / darauß diese nachfolgende Exempel jhren vrsprung haben / so kanstu geben vnd vor augen legen / ein jeglich begert Gewicht/ꝛc. Vnd darffst auch nit mehr darzu/dann die 22. Elementstück/ die du anfänglichen gemacht hast/ꝛc.

Exemplum:

Ich setz / es wirdt von dir gefordert ein Ge-

Gewicht/deren 3. ein loth wigen/ Thu jm also: Mach das loth zu quinten/ werden 4. quinten / Diuidier 4. durch 3. so kompt ein quinten / vnnd ⅓. eins quinten / schreib das quinten auff/ rc. Noch soltu haben ⅓. eins quinten / brich den quinten in Minutz. so kommen 8640. Element / die theil durch 3. so kom̃en 2880. die leg durch dein gewichtlin zu dem quinten / also / sihe an die summa der Elem. als 2880. rc.

Nim̃ auß der zweyten statt deiner Gewichtlin (welche numerum denarium bedeut) 80. Element. als 4. vnd 3. vnnd ein Pünctlin.

Item auß der dritten statt / die numerum centenarium bedeut/ 800. Atomos/ als 4. 3. vnd ein Pünctlin.

Item auß der vierdten statt / die millenarium numerum anzeigt/ 2000. Stüplin/ das sindt 2. pünctlin/ Leg diß Gewicht zu dem ersten quinten/ so hast du dargeleat ein Gewicht/ deren dreye 1. loth wigen / rc.

Ein anders.

Item du solt geben ein Gewicht/deren eylffe/siben loth wigen/2c. Mach die Loth zu quinten/ so werden es 28. quinten. Diuidir 28. durch 11. so kommen 2. quinten/mit $\frac{6}{11}$. der siben loth. Diese $\frac{6}{11}$. mach zu Minutz. Also: Multiplicier 8640. durch 6. Vnnd das Product/ als 51740. diuidir durch 11. so kommen 4712. stüplin / mit $\frac{8}{11}$. eins Elem. 2c. Diese $\frac{8}{11}$. sind nit zutheilen/ wie du vernemmen wirst. Also schwer nimb auß deinen Gewichtlin/leg sie zu dem halben loth/oder zu den 2. quinten/ So hastu das gesucht Gewicht / deren 11. wigen 7. loth/2c.

Ein ander Exempel.

Du wirst erfordert in einer Müntz / zu geben ein gewicht eins Pfennings schwer/ Der sollen 432. vff die Marck geschnitten werden/2c. Thu jhm also: Du weißt daß 8640. Elem. 1. quinten wigen / so erfahre per Regulam , was wigt 1. marck / oder 64. quinten (die machen auch 1. marck) so

findestu

findestu 552960. Elem. Solch Product theil durch 432. so kommen 1280. Minutz. 2c. Also schwer soll ein Pfenning wigen/ deren 432. vff 1. marck gehen/ 2c. Solch Gewicht leg auß dein Elementlin/ so hastu gelieffert.

Aber ein anders.

Ein Müntzmeister begert vonn dir ein Gewicht ein Gülden schwer Churfürst. Müntz/ So frage jhn/ wie mancher Gülden sollen geschnitten werden vff die marcke/ 2c. Er antwort/ 108. Gülden sollen wigen $1\frac{1}{2}$. marck. Nun hab fleissig acht/ daß dir das marckgewicht warhafftig bekandt sey/ Thu jhm also: Ein marck wigt 64. quinten/ darauß folgt/ daß $\frac{1}{2}$. marck wigt 32. quinten/ das ist zusamen 96. quinten/ die brich in Minutz. oder Multiplicir die 8640. durch 96. so kommen dir 829440. Elem. Diese summa theil durch 108. so werden c87680. Minutz. die leg für augen auß deinem Gewicht/ so ist der gethanen

Fragen genug geschehen/ vnnd hast geben ein gewicht/ deren 108. wigen 1½. marck/ ꝛc.

Noch ein anders.

Item/ du solt geben ein Gewicht/ deren 18. einen Centner wigen / ꝛc. Mach den Centner zu Pfunden/ werden 100. pfundt. Theil 100. durch 18. so kommen dir 5. lb. vnd bleiben 10. lb. vberentzig. die 10. lb. vndertheil in Loth / werden 320. loth/ die theil durch 18. so findest du 17. loth/ vnd bleiben vberig 14. loth/ die subdiuidier in quinten/ so kommen dir 56. quinten / die vndertheil durch die vorgenommen Zal 18. so werden es 3. quinten/ vnd bleiben 2. quinten vbrig/ die brich hinfürter in Elemen. so findestu 37280. die theil auch durch 18. so kommen dir 960. stüplin. Nün auß denen 22. Gewichten 960. leg darzu 5. pfundt/ 17. loth/ 3. quinten/ so hastu gewert/ vnnd Gewicht geben/ deren 18. ein Centner thun/ ꝛc.

Also wil ich durch diese Lehr vnnd Exempel genugsam angezeigt haben / wie

man

man ein jegklich Gewicht darlegen vnnd geben soll ohn ein Wog. Nun wil ich dich weiter vnderrichten / wie man die Wechßlergewicht auß den Elementen machen vnd abtheilen soll / etc.

Wie man wechßler Gewicht machen soll.

Das VIII. Capitel.

WIltu Gewicht machen dardurch du erfahrest / vmb wie viel ein güldine oder silberne Müntz zuleicht seye / Als an Ducaten / Kronen / Gülden / etc. Auch an Joachims Thalern / Dickpfenningen / vnd anderen Müntzen / So nimm das recht Gewicht derselbigen Müntz für dich / leg es in ein Schale deiner Wogen / vnd dargegen vngeeichte Gewicht / so lang biß die Zung im Kloben ruhet / dann hebe das Gewicht herauß / erfülle die statt mit Minutzlin / die summa schreib eigentlich auff / etc.

Exemplum von dem Ducaten Gewicht.

Ich setz ein Vngerischen Ducaten wiget 10856. Elem. das soltu mercken. Darnach soltu mercken die summa der silberin Müntz / die man auff den Ducaten gesetzt hat. Als zu dieser zeit gilt ein Ducaten 25. Batzen/vnd ein jeglicher Batzen/14. pfenning Heydelberger müntz / das sind 350. Pfenning/vff ein Ducaten. Nun theil die gefundene summa/als 10856. durch 25. so kommen 434. Elem. vnd bleiben 6. stüplin oder $\frac{6}{25}$. vberig/die sind nit zutheilen / auß vrsach wie du vernemmen wirst. Also hastu die schwere/wie viel deß Golts für 1. Batzen gebürt zu geben. Darnach vndertheil die summa die vff ein Batzen gehet / Als 434. durch 14. dieweil ein Batzen 14. pfenning hat/so kommen dir 31. Element. Also schwer gebürt sich abzuziehen desselbigen Golts vor ein pfenning Heydelberger.

Ein ander Exempel vom Gülden.

Item/

Item / so du hast ein Gülden gewigt / vnd findest daß er halt 7498. Elemen. vnd woltest gern wissen / wieviel desselbigen Goldts für ein Blappart / oder für ein Creutzer keme. Thu jhm also: Bey vnsern zeiten gilt ein Rheinischer Churfürst. gülden 18. Batzen / das macht 24. Blappart Straßburger müntz / deren jegklicher drey Creutzer thut / So nimm die gefundene zal / theil sie durch 24. so kommen dir 312. vnnd bleiben $\frac{10}{24}$. vberig / so hastu das gewicht eines Blapparts. Dise 312. vndertheil durch 3. dieweil ein Blappart 3. Creutzer thut / so findestu 104. so hast du die schwere 1. Creutzers. Oder nimb die gantze zal die auff ein Rheinischen Gülden gehet / theil sie durch 72. das bringt auch 24. Blappart / so kommen die 104. Elem. vnd bleiben 10. stüplin vberig / oder $\frac{10}{72}$. die sind auch nit zutheilen / vrsach wirstu vernemmen / etc. Also hast du funden das du gesucht hast / etc. Darumb mach ein gewichtlin 104. Minutz. schwer / vnd zeichne das mit einem Pünctlin / von demselbigen mach noch drey Gewichtlin /

das ein zweymal so schwer/ das ander dreymal so schwer/ das dritt viermal so schwer/ Gib dem andern Gewichtlin 2. pünctlin/ dem dritten 3. pünctlin / dem vierdten 4. pünctlin.

Deßgleichen mach auch vier Gewichtlin zu den Plapparten/ vnd gib dem ersten 3. pünctlin/dem andern 2. dem dritten 3. dem vierdten 4. pünctlin/ꝛc. Vnnd so dir fürkompt ein leichter Gülden / so besetz jhn mit diesen Gewichtlin/so erfehrest du vmb wieviel Creutzer oder Plappart er zu leicht sey/ꝛc. Doch soltu deß auffschnitts nit vergessen/ꝛc. Gleicher weise magstu Gewicht machen auff Ducaten/Noblen/ Kronen/ vnd ander güldin oder silberin Müntz/ꝛc.

Von den Gewichten so in dem theilen vberblieben seind.

Nun möchtest du sprechen : Ich hab in beyden Exempeln etwas vberentzig in gebrochenen Zalen funden / da ich die erste Summa getheilt hab / wie soll ich mich dar-

darinnen halten? Antwort. So du absteigest mit der Diuision auß einem grossen Gewicht in das kleinest/ vnd bleibet dir ein gebrochen theil vberentzig / so ist es nit zu achten / dieweil es so leicht ist / daß keine Wog deren theil eins vernemmen mag/ rc. Aber in dem aufffsteigen von dem kleinsten zum grossen / als in dem Multipliciren geschicht / so solt du die vberbliebene theile in guter achtung haben / dann viel kleiner theile / so man sie zusammen setzet/ bringen zuletzst ein gantzes / welches der Hauptsumma zugehört. Als in dem ersten Exempel von dem Ducaten / da seind an der grössesten Zale 6. Elementstück vberblieben. Dergleichen in dem andern Exempel vom Gülden sind 10. Elementstück vberblieben. So du nun vnderstündest die 6. Elementstück zu theilen in 25. theil / Oder die 10. Elemenstück in achtzehen theil/ das doch Menschlicher handtwirckunge oder vernunfft/ nicht wol müglich zuthun were/ so würden die theil so klein / daß sie dem Gesichte nicht wol müglich weren zuvernemmen/ich wil der Wogen geschweigen/dieweil die erstgemachten Elementlin so leicht sind / daß kein Woge deren drey oder vier vernemmen mag. So ist es auch nicht müglich / daß sie vndertheilt mögen werden/soviel die Wog anlangt / darauß diese gemeine Regel fleußt/2c.

Regula.

Alls was die Wog nit scharpff vernimpt/
Magst nit probirn wie es sich zimpt.

Verstehe diese Regel also : Man mag kein Gewicht wol anders probiren / dann durch die Woge/darauß dann folgt/ Alles was so leicht ist an Gewichten / das die Woge nit vernemmen mag / das mag auch nit probirt werden.

Von inngesetzten Gewichten.

Das IX. Capitel.

Dieweil

DJeweil meines fürnemmens ist/ nichts anders in diesem anderen Theil zu beschreiben / dann von Gewichten / so wil ich dich vnderrichten/ vnd Lehr geben / wie man inngesetzte Gewicht eichen vnd justiren sol/ Vnd das geschicht gar bequemlichen durch die theilung. Auch wil ich anzeigen wie man durch diese Gewicht auff vnnd absteigen soll / in grossen Gewichten biß zum Centner/ 2c. Vnd merck/was vber 10. lb. ist / das nenne ich groß Gewicht.

Von der theilung / vnd was theilung sey.

Die theilung/als hieher dient/ist nichts anders / dann so man auß einem gantzen Gewichtstück / andere vnnd kleinere Gewicht machet vnd abtheilet/2c. Vnd ist zu wissen daß die theilung ist zweyerley.

Die erst/ so man theilt in gerade theil.

Die ander / so man theilt in vngerade theil/2c.

Nun

Nun ist die gerade theilung auch zweyerley.

Die erst so man theilet in zwey gleiche theil.

Die ander / so man wil theilen mehr dann in zwey gleiche theil.

Die theilung in zwey gleiche theil wirdt genandt halbierung / vnnd dienet fast wol die inngesetzten Gewicht zu eichen/ Dann in allem wigen ist viel gewisser vnnd mehr glauben zu geben der halbierung/abzusteigen von dem grösten biß zu dem kleinsten/ dann durch die duplierung auffzusteigen vom kleinsten biß zum grösten. Vrsach/ so der Last zunimpt vff der Wogen/so nimpt das vernemmen ab / So aber der Last jhe mehr abnimpt / so nimpt das scharpff vernemmen der Wogen jhe mehr zu/ Nach laut dieser Regel.

Regula.

Ein Wog jhe mehr man sie beschwert/
Ihr schärpff in trägheit wirt verkehrt/
Wo man den Last geringen thut/
So wigt man scharpff gewiß vnd gut.

Ver-

Verstehe also/wer wolt zweiffeln / so ein Wog nach jhrer Proportion zimlich geladen wer/daß sie nicht schärpffer vnnd kleiner Gewicht solt vernemmen / dann so sie mit Last wol geladen ist/das magstu da bey erachten / Beschwere ein Woge mit jhrem Last den sie ertragen mag / so kanst du dannoch ein klein Gewicht zu oder von thun / daß die Woge nicht desto minder in dem Kloben ruhen bleibt/daß sie doch sonst (so dasselbig Gewichtlin allein auff einer derselbigen Wogschalen leg) verneme mit einem außschlag der zu mercken were / etc. Darumb soll man durch die halbierung anfahen zueichen/etc. Diß wirstu baß verstehen auß den Fragstücken.

Wie man ein gantz Gewicht halbiren soll.

Das X. Capitel.

WIlt du Gewicht halbiren / nach dem gemeinen vnd schlechten gebrauch / so ist gantz noth einer gerech-

gerechten schnellen Wogen/ 2c. Nim̃ das Gewicht das du theilen wilt/ lege es in ein Wogschale/ mache von vielen stücken als von Bley ein gleich Gewicht / darnach nim̃ dieselbigen vielen Gewichtstück/ theil sie in beyde Becken / biß die Zung im Kloben ruhet / wechsel von einer Schalen in die ander / als gewonlichen ist. So dann die Zung allwegen im Kloben ruhet/ vnnd innstehet / so ist das Gewicht in zwey theil getheilet/ 2c. Aber diese theilung ist nicht scharpff vnd gewiß.

So du aber kein gerechte Wog haben magst / oder wilt der Wogen nit vertrauwen / als in allem scharpffen wiegen (der Regel nach) geschehen soll/ so thu jhm also: Biß gerüst/ daß du habest Elementlin auff ein Loth schwer vngefehrlichen / oder auff 8. loth were besser/ oder auff ein Pfund were zum besten/ wie ich dich in dem 5. Capitel diß theils gelehrt hab / 2c. Oder verstehe es also : Biß gerüst mit deinen Elementen/ daß du habest 1. Quinten schwer/ das magstu leichtlich legen auß deinen 22.

stücken/

stücken/dabey hab ein inngesetzt Gewicht/ recht vnd wol justiret von einem pfundt/so bistu zu der arbeit gerecht. Nun nim̃ das Gewicht/ das du in zwey gleiche theil theilen wilt / leg es in ein Wogschalen / dargegen vngeeichte Gewicht / von Bley/ oder wo von die seind/so lang biß die Wog innstehe. Darnach soltu haben zwey gewicht/ die einander gantz gleichgemacht sind/ wie du weißt / doch daß dieselbigen zwey Gewicht nit schwerer/ob sie schon leichter seyen dann das Hauptgewicht/ligt nit daran. Heb das erste Gewicht herauß/ laß die vngeeichten Gewicht an jhrer statt vnverruckt ligen / lad die zwey gleiche Gewicht in die leer Schale/vnnd so sie im vffziehen dem Hauptgewicht zu leicht sind/ ist es vm̃ viel / so erstatte den gebrechen auß deinem inngesetzten Gewicht/oder durch Minutz: so lang biß die Zung Bleyrecht innstehet. Dann nim̃ die zwey gleiche schwere Gewicht herauß/leg jeglichs besonder / besihe die summa der zugesetzten Gewicht vnnd Elemen. theil sie in zwey gleiche theil/nach der Zal vnd nit nach der Wogen / lege jeglichem Gewicht sein gebürenden theil zu/ so hastu gewert/ vñ hast zwey gleiche theil/ die beyde so schwer sind als das Hauptgewicht.

Ein Gewicht zu halbiren auff ein ander art.

Nim̃ das Hauptgewicht das du theilen wilt/ lege es in ein Wogschale/ vnnd in die ander so viel Gewicht / biß die Zung im Kloben ruhet. Darnach nim̃ das Hauptgewicht herab / leg an seine statt zwey stück Bley / die gerad so schwer sind als das Hauptgewicht / ligt nit daran daß sie einander vnder jhnen selbs nit gleich sind/ allein daß sie dem ersten samenthafft Concordiren. Darnach nim̃ das leichtest vnder den zweyen / besetz es mit Gewichten deiner 22. stück / so lang biß es dem andern gerad gleich werde / Dann nimb das Gewicht vor dich / das du dem kleinen hast zugesetzt / theil es in zwey gleiche theil nach der zal wie du weißt / vnnd deren theil eins setz dem leichten Gewicht zu / so wirdt es gewißlich halb so schwer werden als das Hauptgewicht / etc. Das ander Gewicht thu hinweg.

Wie man ein ingesetzt Gewicht eichen soll.

Das XI. Capitel.

SO du wilt ein inngesetzt Gewicht eichen / so kanstu es nit füglicher zu wegen bringen (wie offt gemeldet) dann durch die halbirung / Nimm das gröste Gewicht / halbier es in zwey gleiche theil / der theil behalt eins / halbier das ander auch in zwey gleiche theil / deren behalt eines / halbier das ander / etc. Steig also durch die mediatim herab / biß du kommest auff die zwey halben quinten / die behalt alle beyde / etc. Solches zu verstehen nimm diß Exempel.

Exemplum.

Ich setz / es sey dir geliefferet worden ein gewicht an einem stück wigt 1. lb. vnd darzey ein vngeeicht gewicht/ wie es von dem Rotgiesser kompt / Das soltu nach diesem gegebenen eintzigen stück eichen vnnd theilen in loth vnd in quinten / Thu jhm also: Nim̃ für dich ein Gewicht / da dich dunckt daß jhr zwey als schwer sind als das pfündig hauptgewicht/ oder ein wenig leichter/ mach noch eins demselben gewicht gleich/ versuch sie beyd gegen dem rechten pfund/ Sind sie jhm gleich / so hast du zwey halbe lb. gerecht. Sind sie jhm aber vngleich/ vmb viel / so mach zwey gleiche Gewicht/ da dich dunckt/ daß sie mögen den gebrechen erfüllen/ vnd nimm dieselbigen auß deinem ingesetzten Gewicht / das geeicht sey/ als 2. quinten/ 2. loth / ꝛc. nach der grösse deß gebrechens. Were es dann sach / daß solche gleiche Gewicht jhe nit zutragen / so erfülle den gebrechen durch Elem. so lang biß die zung im Kloben ruhet / Dann so diuidir die Gewicht oder Elem. in zwey

gleiche

gleiche theil/wie du weißt/lege jeglichs besonder/so hastu 4. stück/die sind jhe zwey vnd zwey einander gleich/leg ein groß vnd ein kleins zusammen/so hastu 2. halbe lb. deren behalt eins/das ander medir/wie jetztgemeldt/so werden es zwey viertheil eines lb. etc. Steig also herab durch die halbirung biß du kommest auff die halben quinten/die behalt allebeyde. Nach denselbigen Gewichten eiche die stück deß inngesetzten Gewichts mit gebürlichem fleiß/so hastu ein gewiß Gewicht/darmit du bestehen magst.

Wie man inngesetzt Gewicht fürthin justiren soll.

So du ein inngesetzt Gewicht hinfürter justiren wilt/vnnd erfahren ob es warhafft vnd recht geeicht sey/so thu es durch die Minutzlin/etc. Biß wol inngedenck deß 6. Capitels/vnnd erfahr eigentlichen/wie viel Elem. auff 1. quinten gehen/dieselbige gefundne summa probier forthin in grossen

Gewichten ob sie zutrage / Also sprich per Regulam de Tri. ein quinten wigt also viel Elementen / was wigen 64. quinten? So kompt ein summa die auff 64. quinten kommen sollen / dieselbig zal probier durch die Wog / ob sie den 64. quinten zutrag / stehet die zung inn / so hastu recht gericht / vnnd dem quinten sein gebürlich zal gegeben. Stehet aber die zung nit inn / so erfüll den gebrechen mit Elem. biß die zung bley recht innstehet / vnd merck dieselbige summa der zugesetzten Gewichtlin / Sprich per Regulam, An 64. quinten fehlen so viel / was fehlet am 1. quinten / so kompt ein zal die setz dem quinten zu oder ab nachgelegenheit der sachen. Solcher massen soltu die andern Gewicht auch probiren / als 1. loth / 2 / 4 / 8 / loth / so handelstu recht / rc.

Ein Gewicht an einem gantzen stück zutheilen in etlich gleiche oder vngleiche theile.

Das

Das XII. Capitel.

WIltu ein Gewicht / das dir an einem gantzen stück gelieffert wirt/ theilen in was theile du wilt / hast du das dann viel zuthun / rüste dich daß du habest ein inngesetzt Gewicht von 8. oder 36. pfunden/doch minder oder mehr vngefehrlichen / das auff ein Eich wol justiret sey/vnd dabey ein klein Gewicht von Minutzlin wie hieuor gemeldt / doch daß du wissest/wieviel Elem. vff 1. quinten gehen/ desselbigen inngesetzten Gewichts.

Darbey solt du auch haben etliche Gewicht/die einander gantz gleich sind / doch derselbigen gleichen gewicht mancherley/ Als pfündige/ 2. pfündige/ 3. pfündige/ vnd 4. pfündige/Auß disen viererley magstu machen 5. 6. 7. 8. oder 9. pfündige.

Darnach mach aber viererley gattunge/als von 10. 20. 30. vnnd von 40. pfunden/vnd also bistu gerüst / groß vnnd klein Gewicht zu theilen/in welcherley du wilt/ wie manniches Stück du der gattunge eins jegklichen haben must / magst du auß nachfolgendem Exempel mercken.

So du ein stück Gewicht hast/vnd wilt es theilen mehr dann in zwey gleiche theil/ so besetz es mit gleichen Gewichten / doch solcher zal die mit dem theiler auffgehe den du vor dir hast / vnd handel in allermassen wie hievor in der halbirung gesagt ist. Als ich setz / du wilt drey theil machen / so besetz das gantze stück mit dreyen gleichen Gewichten/ so genauwe du kanst / oder mit 6. oder mit 9. oder andere zalen / die sich in 3. theilen leßt / vnd erfüll den gebrechen/so es noth thut / durch Elem. diuidir sie in drey gleiche theil/ so hastu getheilt

Exemplum.

Ich setz / es sind in einer Statt zweyerley Gewicht / etliche im Kauffhauß / vnnd etliche sonst in der Statt. Oder ich acht/ es sey dir von einem Gewichteicher geliefert worden/ein inngesetzt Gewicht/ justiret nach der Statt Eichen. Nun wöltestu

gern

gern wissen / wie es sich gegen dem Kauff-hauß Gewicht hielte oder vergliche / rc. Nim̃ ein Centner gewicht auß dem Kauff-hauß / das dann halt 108. lb. als sie sagen leg es auff ein bequeme Wog / vnd besetz es mit vngeeichten Gewichten / biß die Zung im Kloben ruhet / dann nim̃ das Centner gewicht herab / vnd leg an sein statt 108. lb. deß Stattgewichts / rc. So aber an grossen Gewichten leichtlich gefehlt mag werden / zweyerley vrsach / deß Wigers halber der nicht handelt als sich gebürt / Auch die Wogen so sie geladen sind / nicht scharpff vernem̃en / ist es sicherer zu forschen durch kleine dann durch grosse Gewicht / Aber du magst nicht zu den kleinen kommen / dann durch die halbirung / oder durch andere theilung / in dem daß dir ein gantz stück gelieffert ist / hierumb thu jhm also / wie folgt.

So du aber Centner gewicht / wie obstehet / vffgelegt / vnd mit vngeeichten Gewichten besetzt hast / daß die Zung innstehet / so such ein bequeme zal / dardurch 108. vffgehe / Als 3. oder 4. heb das Centner gewicht ab / besetz das vffgelegte Gewicht an statt deß Centners mit gleichen Gewichten / doch solcher zal die mit 3. vffgehe / so genauwe du magst / so du nicht 3. Gewicht hast die gerad den Centner erfüllen / so hab acht was sie zu leicht sind / das erfülle mit geeichten Gewichten / doch solcher zal / die sich in 3. theilen leßt. Vnd so es nit zutragen wölt / so erfülle den gebrechen durch Elementlin biß die Zung im Kloben innstehet. Oder erfülle die statt mit vngeeichten Gewichten / biß die Zung bleyrecht inn stehet / dann nimb dieselbigen vngeeichten Gewicht / leg sie in ein Schale einer kleinen Wogen / vnd in die ander Schale leg andere Gewicht / biß die Zung innstehet / heb es abe / leg in sein statt drey gleiche Gewicht / vnd so es noth ist / so erstatte den gebrechen durch Minutzlin biß die Zung inn stehet / ꝛc. Also hastu dreyerley gattung / die theil also / heb an der groben gattung an / nim̃ darvon drey stück / stell sie in ein ordnung / nim̃ aber drey / vnnd aber drey / so lang die gattung weren / zuletzst theil die

Elem-

Elem. auch in 3. theil solcher massen / lege oder schreib auff die summa der Elem. diuidir sie durch 3. vnd was der Quotient anzeigt / soviel leg zu der dreyer hauffen einem/ꝛc. Derselbig hauffen wigt 36. Kauffhauß pfund/ die magst du probieren gegen 36. Stattpfunden/dann dreymal 36. machet 108. pfundt/ꝛc. Gleicher weise magstu das Centtner gewicht theilen durch die zale 4. oder 8. (so kom̃en 27. pfundt auff $\frac{1}{4}$. eines Centners ex hypothesi) oder andere zale/ die durch 108. vffgehe/wie dir eben ist / biß du findest 1. pfundt schwer/ꝛc. Dasselbige pfundt ziehe dann auff gegen dem Stattpfundt/so erfehrestu das du gesucht hast.

Ein ander Exempel von zweyen Centnern.

Zwo Stette/als Straßburg vnd Cöllen / haben sich vereinigt gleiche Gewichte zu brauchen / Also lieffern sie dir zween Centner/vnnd begeren / du solt dieselbigen

zween

zween vngleiche Centner gleich machen/ daß sie beyde so schwer werden/ als sie jetz-und sind / vnnd solt sie forthin vnderthei-len in lb. in loth vnnd in quinten / rc. Thu jm also: Halbir ein jeglichen Centner nach vorgemeldter weise/ setz zusammen ein hal ben Straßburger vnd ein halben Cöllni-schen Centner / so hastu ein gemittelten Centner von jhn beyden. Darnach frag/ wie manich pfundt derselbig Centner ha-ben sol/ So geben sie solche antwort/vnd wöllen haben 5. stück / Das erste sol wigen 108. lb. nemlich der gemeldt Centner. Das ander sol haben 100. lb. Das dritt 50. lb. Das vierdt 25. lb. Das fünfft 3. lb. rc.

Hierumb nim̃ beyde halbe Centner/leg sie auff/besetz sie mit vngeeichten Gewich-ten/biß die Zung innstehet/Heb die halben Centner ab / leg an jhr statt ein sum̃a glei-cher gewicht/die sich theilen lassen in zwey gleiche Gewicht/ Als 2. 4. 8. oder 12. so lang biß die Zung innsteht wie vor/ Dann mache zween gleiche hauffen/so hast du an jeglichem hauffen 54. pfund. Derselbigen

hauffen

hauffen einen halbier/ so hastu an jegklichem halben theil 27. lb. Dieselbigen 27. lb. theil in drey gleiche theil / so wigt jegklich drittheil 9. lb. Das theil hinfürter in drey gleiche theil. so wigt jegliches 3. lb. Das vndertheil hinfürter/ so wigt jeglichs 1. lb. Desselbigen gebrauch dich mit fleiß/ rc.

Ein Exempel von dreyen Centnern.

Drey Stette haben sich mit einander verbunden / zu ewigen zeiten gleiche Gewicht zugebrauchen / Also lieffern sie dir drey vngleiche Centner / an dreyen stücken / Jegklichen Centner den sie bißher gebrauchet / vnnd begeren / daß du jhnen wöllest machen drey gleiche Centner / die alle drey so schwer sind / als die gegebnen Centner. Thu jhm also durch die vorbeschriebne theilung / Diuidir ein jegklichen Centner in drey gleiche theil/ thu sie zusammen/ so hastu ein gemeinen gleichen Centner/ Welcher dreye sind so schwer / als die ersten

ersten vngleichen Centner / die dir gelieffe-ret sind / denselben gemeinen Centner vn-dertheile forthin nach deinem willen/ꝛc.

Centner gewicht auff ein ander Art zutheilen.

Jch acht es sey dir ein Nürnberger Centner an einem stück gelieffert worden/ den soltu theilen/ꝛc. So thu jm also: Hal-bier den Centner / so hast du zween halbe Centner/als 50. vnd 50. pfundt/ Derselbi-gen Gewicht eins behalt / halbier das an-der/so hastu zwey viertheil eins Centners/ als 25. vnnd 25. pfundt / deren behalt eins/ halbier das ander / so hast du 12½. pfundt zweymal / deren behalt eins / medier das ander/so hastu 6. pfundt vnd ¼. zweymal/ deren behalt eins / halbier das ander / so hastu 3. pfundt/vnd ⅛. zweymal/ deren hal-bier eins/behalt das ander / so hast du ein pfundt/vnd ½. vnd 6½. zweymal / deren be-halt eins/das ander leg auff ein Wog / be-schwer die ander Schale / daß sie dieser

gleich

gleich werde/ leg dargegen auß deinem inngesetzten Gewicht/ das da scharpff auff ein Eich justiret sey/ gleich so schwer / vnnd ob sich deine Gewicht nit zutragen wolten/ so erfüll deine gebrechen auß deinen Elem. so lang biß du habest dem inngesetzten Gewicht ein gleiche schwere / dasselbige leg an ein besondere statt/ vnd merck ein jegliches stück.

Exemplum.

Jch setze Exempels weise/ daß du habest hingelegt $1\frac{1}{2}$. pfundt / vnd 4. loth deines gewichts/ vnd 1920. Minutzlin. Nun mach die $1\frac{1}{2}$. pfundt auch zu Minutz. solcher massen. Jch setz/ daß deine Elem. 2884. vff ein quinten deines Gewichts kommen/ so machen 4. quinten ein loth / vnd 32. loth ist ein pfundt/ Darumb mach die $1\frac{1}{2}$. pfundt/ vier loth zu quinten/ bringen 208. quinten/ die multiplicir durch 2884. so kommen 599872. Elem. darzu addir die vorigen 1920. Minutz. so werden es 601792. Elem. vnd sind gleich

gleich schwer dem letzsten halbierten Gewicht deß Centners/ als 1. lb. vnd $\frac{1}{2}$. lb. vnd $\frac{1}{16}$. eins lb. Nun addir die zween Brüche/ als $\frac{1}{2}$. vnd $\frac{1}{16}$. werden $\frac{9}{16}$. Darzu addir das lb. als $\frac{16}{16}$. macht alles zusammen $\frac{25}{16}$. Nun sprich per Regulam de Tri: $\frac{25}{16}$ deines geeichten Gewichts / wigen 601792. Elem. was wigt 1. lb. So kommen 385146. Elem. Vnnd also schwer ist ein Nürnberger lb. Nun mach die Elem. zu quinten also/ Diuidir die summa der Minutz. als 385146. durch 2884. so kommen 133. quinten / die machen 33. loth vnd 1. quinten / deines Gewichts/ Vnd also schwer ist das Nürnberger lb. das du gesucht hast / das probier also / Steig auff mit demselbigen lb. biß du hast 25. lb. wig sie gegen dem viertheil eins Centners / das du am ersten behalten hast/ dann thu die zwey viertheil zusamen / wig sie gegen dem halben Centner/ denn du im anfang behalten hast / findestu das allweg gleich / so bistu gewiß daß du ein recht lb. auß dem Centner funden hast/ das magstu hinfürter theilen/ ꝛc. Diese theilung ist etwas

was verdrossen / aber doch spitzfündig. Auch hab ich sie allein deßhalben angezeiget/daß du auff alle wege gerüst seyest/vnd vff ein jegliche Frage Antwort geben könnest/2c.

Von grossen Lastwogen.

Das XIII. Capitel.

SO du wilt grosse Läst wiegen / so magst du dir von gutem zehem festem Holtz ein Wogenbalcken machen mit gleichen Armen auff das aller schnellest so du kanst / vnnd denselbigen Balcken mit Eisen beschlagen vñ binden/ wie vngefehrlich diese entwerffung anzeiget. Auch mag der Nagel wol durch den Balcken geschleyfft werden / mit einem eisen angezogen / Vnnd vnden da er tregt/ soll er vff die schnelle gericht seyn / vnd wol gehertet. Deßgleichen die zwo Pfannen da er innen wirpt / sollen in zween Pfosten versenckt / vnnd auch gehertet seyn/auch stät vnd solcher weite von einander stehen/ daß sie der Nagel erreychen/ vnd der Balcken frey darzwischen schweben mög/ auch magstu die Zung vndersich oder obersich richten/ nach gelegenheit der Hoffstatt / an demselbigen theil gibt oder nimpt es nichts etc. Doch ist meines fürnem̃ens nit zubeschreiben/ wie man solch grosse Lastwogen machen soll/ wil doch ein wenig von jhrem gebrauch anzeigen.

Form vnnd gestalt deß Balckens.

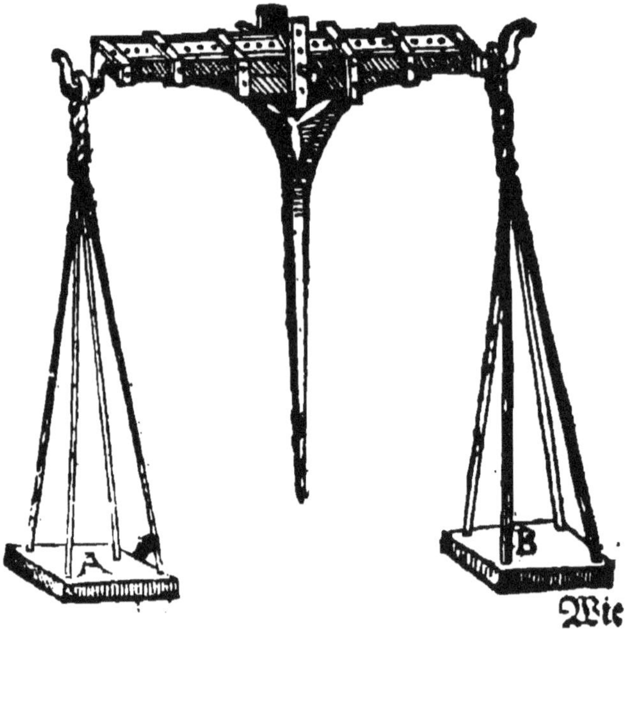

Wie

Wie man ein solche Wog brauchen soll.

So du mit einer Lastwogen wigen wilt/ so vnderbauwe die Bretter oder Schalen/ biß sie geladen ist/ dann ziehe das gebäuwe auß/bring die Zung in Kloben/mit zu oder abthun / beweg sie daß sie schwanck/ doch nit so sehr/Vnd merck ob sie lang schwancke/ oder baldt stillstehe. Schwancket sie lang/so wigstu desto gewisser/so vil sie desto lenger schwanckt/ Steht sie bald still/so ist sie träg/so soltu sie brauchen wie folget/rc.

Ob recht oder vnrecht gewigt sey.

Das vnrecht wigen kompt zu zeiten auß gebrechen der Wogen / zu zeiten auß versaumnuß deß Wigers / vnd nemlichen an schweren Gewichten. Wiltu nun solches erforschen / so solt du wissen / daß ein jegliche Woge(wie auch hievor gemeldet) die da zimlichen geladen ist / schärpffer vernimpt / dann so sie schwer geladen ist.

Hierauß folgt/ daß viel kleiner gewicht/ so ein jeglichs in sonderheit gewiegt wirdt/ sicherer zutragen / dann ein schwer Gewicht/ deß wiß dich zurichten / Darumb mach dem grösten Gewicht / ein gleich gewicht von vielen stücken / Als dem Centner/ mach soviel Gewicht/ als er pfundt in jm hat/ probier sie auff einmal / gegen dem ersten vnd haupt Centner / doch auß einer Schalen. Wieg dann ein jeglich Gewicht in sonderheit nach seiner weise / findestu es dann vnrecht/ oder hat das ein anderer gewiegt / vnd hast gut achtung vff den Wieger gehabt/ daß er recht gewiegt habe/ so ist die Wog träge/ vnnd vernimpt vbel/ nach dem der fehl groß oder klein ist. Aber das soll der Wieger wissen / vnd die Wog auß lehrnen/ so sie in schweren lästen klebt / vnd ein mercklich Gewicht nicht vernimpt/ rc. Auch magst du dem Wieger auffmercken mit der halbierung / durch die duplierung/ vnd herwider die duplierung durch die halbierung probiren vnnd nachwiegen/ dann der halbierung oder anderer theilung mehr

zu

zu glauben ist / im absteigen / dann der duplierung im auffsteigen / die Wog trage zu oder nicht.

So die Woge träg ist vnd langsam vernimpt.

Wiltu mit einer trägen Wogen wiegen / so lehrne sie auß / von Centner zum Centner / thu jm also: Leg auff ein Centner mit seinem gegen Gewicht / biß die Zung innstehet / dann setz hinzu das kleinest Gewicht daß sie vernemen mag / doch daß der Außschlag nicht zu klein / sonder mercklich sey / Vnd schreib auff dasselbig kleine Gewicht / das du zugesetzt hast / wieviel es loth wiege. Darnach lad sie mit zweyen Centnern / darnach mit dreyen / vnnd also forthin / so viel sie bequemlich tragen mag / vnd alle mal mach sie schwencken / So sie still stehet / so setz jhr etlich Gewicht zu biß auff den ersten Außschlag / vnd schreib auff ein jeglich klein Gewicht / daß sie im Last vernommen hat / in gleichen Außschlagen / vnd ge-

gebrauch dich im wiegen derselbigen Außschläge/innhalt deß Zettels/so thustu niemandts vnrecht/2c.

Also wil ichs auff dißmal bleiben lassen vnd gnugsam gesagt haben/von grossen Lastwogen vnd Gewichten/2c.

Fragstück vom wigen.

Das XIIII. Capitel.

Dise nachfolgende Fragstück achte ich für fremb.

Die erste Frag.

Ich setze/der vertrag der Churfürsten halt inne/daß 107. Gülden sollen wiegen $1\frac{1}{2}$. marck/vnd das Gewicht einer marck ist dem Gwardin vberliefferet worden an einem stück/Frag ich oder beger ein stück gewicht/deren 107. wigen $1\frac{1}{2}$. marck/2c.

Die ander Frag.

So ein solch stück eins Gülden schwer geben vnd funden ist / wie man das probiren mag / daß solch stück nit zu schwer noch zu leicht sey / ꝛc.

Die dritte Frag.

Ob auch gewißlich zuforschen sey / an einem stück das einen Centner wigt / ob es vmb 1. loth. zu schwer oder zu leicht sey / ꝛc.

Daß aber solche vorgemelte Fragen nit einfeltig sonder für künstlich geacht werden / ist abzunemmen auß zweyerley vrsachen.

Die erst / daß selten oder nimmer Wogen werden gefunden die also gerecht sind / als die notturfft erfordert.

Die ander wie gerecht die Wogē sind / mögen sie doch nit so gewiß / oder nimmer gebraucht werden / als die notturfft erfordert / Dann ein jegliche Wog / wie gerecht vnnd schnell sie vernimpt / so man sie mit Gewicht beschwert / so vernimpt sie soviel vbler / so vil sie mehr oder mehr geladen ist. Deßhalber zu mercken / daß diese Fragen von werden sind / ꝛc.

Hierauff ist zu wissen / daß allein zween wege sind dardurch man wigt.

Einer geschicht durch die multiplicierung/als so man vffsteigt/von kleinem gewicht biß zum grösten/Vnnd durch diesen weg sind die Fragen nicht auffzulösen / als ein jegklicher vernünfftiger Auffmercker verstehen mag.

Dann so er vff die zweyte Frag zusammen bringt 107. der jegklichs ist eins Gülden schwer/als er meynt/ vnnd legt sie auff die Wog/vnd legt dargegen 1½.marck/vnd findet die zung im kloben / so ist es dannoch nit gewiß probiert / daß solche stück gerecht sind / es wer denn sach daß die Wog / also geladen / ein sehr klein Gewicht verneme/ dann so sie nit ein klein gewicht vernimpt/ muß man sich besorgen / daß vmb so viel vnrecht gewiegt sey / als viel sie nicht vernimpt/ꝛc.

Deßgleichen verstehe auch im dritten Exempel/so einer sich vermeß/ daß er hette ein stück / das ein loth wigt / deren gehören 3200. vff ein Centner/oder 100. lb. So er

gleich

gleich die mühe hett / vnnd brecht solcher stück 3200. zusamen / vnnd legt sie auff die Wog / vnnd ein Centner dargegen / were gleich ein solcher zweiffel wie jetzt gemeldt.

Der ander Weg deß wigens geschicht durch die diuidirung oder theilung / Als so man absteigt vom grössesten Gewicht biß zum kleineren / dardurch dann dise Fragen auffzulösen sind / ꝛc.

Solution der Fragstück / ꝛc.

Nun sprich ich / daß durch diesen vnnd keinen andern weg / die vorgemeldten Fragen mögen vffgelößt vnd soluiret werden.

Dañ wer möcht zweiffeln / so man von einem grossen Gewicht absteiget zum kleinern / mit solcher weise wie hieuor stehet / daß die Gewicht nit sicherer mögen funden werden / in dem daß der Last auff den Wogen abnimpt / vnnd das verneiñen der Wogen nimpt zu / Aber durch die duplirung oder multiplicirung nimpt der Last zu / vnd das verneiñen ab / wie du in der gemeinen Regel gehört hast/oben im 9. Cap.

Hierauß beschließ/so man also fleissiger weiß absteigt von einem grossen Gewicht zum kleinen. Vnd ob schon gleich die summa der kleinen Gewicht nit mit dem grossen zutrügen/also daß die Zung nit im kloben stünd/so ist doch dem Gewicht der kleinen stück mehr zu glauben dann dem Gewicht deß grossen stücks/ verstehe soviel die Wog antrifft/dann das groß stück hat sein recht Gewicht / in dem daß es ist ein vrsprung der kleinen/ Aber der Wogen halber ist es müglich daß die Zung nit innstehe/auch vnder gleichen Gewichten / vnnd ob sie innstehet / so mag man der kleinen Gewicht eins zu oder von thun / vnd bleibt die Zung dannoch innstehen.

Vnd wil kürtzlichen hiemit beschlossen haben / daß ein Gewicht eines Gülden schwer/oder andere kleine Gewicht/ nimmer recht geben werden / sie seyen dann erfunden auß dem grossen durch die theilung/ etc. Doch wil ich hinzu gesetzt haben / daß die Prob (die beyde durch absteigen vnd auffsteigen

steigen zutregt) die best seye / dañ man mag nit anders gleiche Gewicht probiren / dañ durch die Woge / Hierauß folgt / das / als was die Wog nit vernimpt / mag auch nit probiret werden / nach laut der Regel / ꝛc. oben im 8. Cap. dieses Theil.

Also wil ich gnugsam die gelegenheit vnd eigenschafft der Wogen vnd gewicht fürgetragen haben / Auch damit ich den angehenden Leser nit mit vil vberflüssigen worten abschrecke / vnd verdrossen mache so wil ich es hie bey dem bleiben lassen / Allein soll sich ein jeglicher in diser Kunst zu üben befleissigen / daß jm ein gemeine Rechnung der Ziffer oder Linien bekandt sey / so wirdt er ohn zweiffel / sonder mühe vnd arbeyt / allen innhalt diß Büchlins leichtlich vernemmen / vnd gründtlichen verstandt darauß fassen / ꝛc.

Ende deß Andern. Theils.

Folget nun der Dritte Theil.

Der dritte Theil diß Büchleins/ vom Probiren.

Hiernach folget ein guter Bericht/ allerhandt Ertz/ Silber/ Golt/ vnd sonst gemeine Müntz/ welcherley die sind zu probiren.

Was probiren sey.

Das I. Capitel.

PRobiren ist nichts anders / dann eines jeglichen von gegebenen Wercks oder materien / gewisse Operation oder gehalt zu erfahren / es sey wovon es wölle / doch wirdt hie allein gemeldet die Prob/ vff Ertz/ Golt/ Silber / vnd andere Metallen / Vnnd sind zweyerley Proben zu mercken.

Die erste vnnd beste Prob ist/ die da geschicht/

schicht / durch subtile arbeyt deß Feuwers / mit schmeltzen oder abtreiben deß Cineritij / oder Capellen mit dem Bley / Auch durch scharpffe wirckung deß starcken Wassers / Aqua fortis genannt / damit man den werdt möge mit Woge vnd Gewicht zusamen vergleichen / vnd die Substantz eines jegklichen Ertz oder Metalles erfahren.

Die ander vnd behendigst Prob ist / die da geschicht auff einem Goltstein / durch den gegenstrich einer Probiernodeln / zu judiciren den gehalt eines jeglichen Golts oder Silbers / nach dem Gesicht oder augenschein / etc. Aber diese Prob ist nit zu gar scharpff vnnd gewiß / wie du vernemmen wirst / etc.

So nun solche Proben nit mögen gemacht vnd zu wegen bracht werden sonder Woge vnnd Gewicht / wil ich dich lehren vnnd vnderrichten / wie du darmit gerüst sollest seyn in allen Proben.

Was

Der Dritte theil/

Was man vor Wogen zum probiren haben soll.

Das II. Capitel.

ANfänglich solt du haben ein gute schnelle Probierwog/ mit einem langen Balcken / gehenckt in ein verglaßt gehäuß/ wol verwaret vor dem Lufft vnd Wind/ wie obgemeldt im Ersten theil im 3. Capitel. Derselbigen soltu verschonen / daß du nit schwer darmit auffziehest/ sonder sie allein zu dem Prob körnlin Silber vnd Golts brauchest/ rc. Dann wo du schwer darmit vffziehest / so wirt sie davon lahm vnd träge.

Zum andern soltu haben ein kleins subtiles Beywöglin / darmit man nach dem Centner gewicht inn vnd auß wieget/ das soll etwas stärcker seyn an seiner Proportion/ dann die vorige Probierwoge. Darnach solt du eine oder zwo grosser Wogen haben/ daß du auff einer/ ein loth/ 4. oder

8. magst

8. magst wiegen/ Auch ein marck/ 2. 3. oder 4. nach gelegenheit der sachen.

Was man vor Gewicht zum probiren haben soll/ Und erstmals vom Centner / Was der Centner sey/ auch wie er getheilet wirdt.

Das III. Capitel.

DEr Centner hat anfänglichen seinen Namen vberkommen von dem wörtlin Centum , das ist so viel gesprochen als hundert / darumb daß er 100. pfundt in jhm hat / Und von den 100. pfunden pflegt man abzusteigen / durch acht Gewicht stück / biß auff ein pfundt/ Darnach theilt man das pfund in loth mit sechs stücken / das werden samenthafft 14. Gewichtstück / wie diese Figur anzeiget. Solche Gewichtstück werden also gemacht/ꝛc. wie folget.

100	lb.	16	loth.
50		8	
25		4	
16		2	
8		1	
4		1	
2			
1			

Wie man das Centnergewicht machen soll.

Das IIII. Capitel.

Fleissig solt du inngedenck seyn/ offt angezeigter weiß vnd lehr/ deß Andern theils/ wie man alle Gewicht (nemlich auß einer Schalen der Wogen) machen sol. Wiltu nun probiren nach dem Centner auff Pfundt vnd Loth/ oder nach der Marck auff Charat/ Loth/ Pfenning vnnd Gren / wie es die Müntzmeister/ Gwardin/ Goltschmid / vnd Kauffleuthe bißher gebraucht haben/ so solt du dich also mit Gewichten rüsten.

Zum ersten/mach zwey kleine Gewicht-lin die einander gar gleich sind / doch daß dein Probierwog dieselbigen vernemmen mag / mit einem zimlichen Außschlag der zusehen sey / dann wann sie so leicht weren/ daß sie die Wog nit vernemmen möcht/ so würd dein Rechnung falsch/doch sollen die-se zwey gleiche Gewichtlin nicht auff der wogen gemacht werden/sonder von hande wie du weißt vnd gelehret bist die Element-lin zu machen/ oben im zweyten Theil deß ersten Cap.

Darnach steig mit der duplierung vff/ vnnd lege die zwey stücklin in ein Schale/ dargegen mach ein Gewicht/ das gerad so schwer sey als die zwey jetztgemeldten / die werden dem Centner nach zu rechnen/ jeg-lichs 1.loth halten/ vnd das dritt Gewicht-lin wirdt halten 2.loth. Darnach leg die 3.zusamen in ein Schale / mach jhnen ein gleich schwer Gewicht / das wirt halten 4. loth. Darnach leg die vier zusamen in ein Schale/mach jhn ein gleich Gewicht/das wirdt halten 8.loth.Darnach leg die fünff zusamen in ein Schal/ mach jhn ein gleich Gewicht/das wirdt halten 16.loth/2c. Leg die sechs Gewichtstück zusammen in eine Schal / mach jhnen ein gleich Gewicht/ das wirdt halten 32.loth/oder 1. lb. Leg die siben zusamen in ein Schal / mach jhn ein gleich schwer Gewicht / das wirdt halten 2. lb. Leg die acht zusamen/ mach jhnen ein gleich Gewicht/das wirdt halten 4. lb. Leg darnach die neun Gewicht zusamen in ein Schal/mach jhn ein gleich Gewicht / das wirdt halten 8. lb. Leg darnach die zehen zusamen in ein Schale / mach jhn ein gleich Gewicht/das wirdt halten 16. lb. 2c.

Darnach nim̃ die zwey grössesten Gewicht/ die du vnder den eylffen hast / nemlich 16. vnnd 8. lb. darzu leg 1. lb. dargegen mach ein Gewicht / das wirdt halten 25. lb. Darnach leg die vier zusammen in ein Schale / mach dargegen ein gleich Gewicht / das wirdt halten 50. lb. Darnach leg die fünff Gewicht zusamen in ein schale/mach dargegen ein gleich Gewicht/das wirdt halten 100. pfundt/oder einen Centner/

ner/ꝛc. Diese Gewichtstück soltu mit kleinen Pünctlin/ oder einer andern zahl wolbekandt/ zeichnen / an einem pfundt anzufangen / biß auff den Centner / wie hievor augen stehet / damit du nicht lang suchen darffst/ vnd die Gewicht dester kändtlicher sind/ꝛc.

Pfundt.

100 50 25 16 8 4 2 1

Loth.

16 8 4 2 1 1

Anzeigung deß Marckgewichtes auff Silber oder Müntz.

Das Marckgewicht / wie man es auff Silber oder Silbermüntz pflegt zu brauchen/ wirdt gemacht auff zweyerley art.

Die erst/ dient auff die gemein oder grobe Marck.

Die ander art/ dient auff die fein marck.

Der Dritte theil/

Von der gemeinen oder groben Marck.

Das V. Capitel.

SO du nun weißt wie der Centner getheilt ist/in lb. vnnd in Loth / ꝛc. Vnd hast solche Gewicht zubereytet vnd justiret/so bist du gerüst ein jegklich Ertz zu probiren. Auch probiret man nach diesem Gewicht auff die Marck die da getheilt ist in loth/wie es die Kauffleute pflegen zu brauchen / vnnd wirdt genennet ein Prob / nach der gemeinen oder groben Marck. Vnd diß Marck wirdt getheilt in 16. loth/ein jegklich loth in 4. quinten/ ein quinten in 4. pfenning/ ein pfenning in 2. heller/wie diese Figur außweiset/ꝛc. Nemlich von der Marck abzusteigen von grösten biß zun kleinsten/durch eylff Gewichtstück/als hie vor augen stehet / ꝛc.

* *
*

16	loth.
8	
4	
2	
1	

2	quinten.
1	
2	pfenning.
1	
1	heller.
1	

Wie man ein solch Marckgewicht auß dem Centner gewinnen soll.

Das VI. Capitel.

Wiltu nun probiren vff die gemein oder grobe marck / nach lothen vnd quinten / oder andere vndertheilung / so nimb dein gemacht Centnergewicht für dich / vnnd leg die drey grössesten stück (das sind 100. lb. 50. lb. vnd 25. lb.) vff eine seiten / vnnd mercke das Gewicht / das dir bracht hat nach dem Centner zu rechnen 16. lb. das solt du in deiner Marckproben achten vnd rechnen vor 16. loth oder 1. marck. Vnnd das dir bracht hat nach dem

Centner 8. lb. soll dir bedeuten 8. loth in deiner marck/ vnd also forthin biß du kommest vff 1. lb. oder 1. loth. Darnach das gewicht das dir bracht hat nach dem Centner zu achten 16. loth/ oder $\frac{1}{2}$. lb. das sol dir in der marck bedeuten 2. quint. oder $\frac{1}{2}$. loth/ vnd also forthin/ wie diese Figur anzeigt.

Itē 16 8 4 2 1 lb. nach dem Centner zu rechnen/ bringt { 16 8 4 2 1 } loth in dem marck gewicht.

Itē 16 8 4 2 1 1 loth nach dem Centner gewicht/ bringt in dē marck gewicht. { 2 1 } quint. { 2 1 } pfen. { 1 1 } heller. } oder bringt { $\frac{1}{2}$ $\frac{1}{4}$ $\frac{1}{8}$ $\frac{1}{16}$ $\frac{1}{32}$ $\frac{1}{32}$ } eins loths deß marck gewichts

Also

Also hastu die anzeigung der gemeinen oder groben marck/nun wil ich dich weiter vnderrichten von der feinen marck/ wie die abgetheilt vnd gemacht wirdt.

Von der feinen marck wie sie getheilt wirdt.

Das VII. Capitel.

SO du nach der feinen marck probiren wilt / wie es die Müntzmeister/ Gwardin / vnd Goltschmid/ etc. pflegen zu brauchen / derselbigen art nach / so wirdt die marck getheilt in zwölff pfenning/vnnd ein jeglicher pfenning helt 24. Gren/der werden kommen in summa 288. vff die marck / Dieser Gren thun 18. ein loth / wie du weiter bericht vberkommen wirst/etc. Solche theilung auff oder abzusteigen in der feinen marck/ geschicht durch 10. Gewichtstück/die werden also gemacht.

Der Dritte theil/

Wie die Pfenning vnnd Grengewicht gemacht werden.

Das VIII. Capitel.

NAch zwey kleine gleiche Gewichtlin/das Gren sollen werden/doch daß dein Wog deren Gewichtlin eins/mit einem zimlichen Außschlag vernemmen möge/nach der weiß wie du die andern gemacht hast. Darnach mach ein Gewicht das so schwer ist / als die beyde/ das wirdt halten zween Gren / vnnd wirff der ersten Gewichtlin eins (das ein Gren halt)hinweg. Darnach leg die zwey zusamen in ein Schale/mach ein Gewicht das so schwer ist als die zwey / das wirdt halten 3. Gren. Leg die drey zusamen in ein schal/ mach dargegen ein Gewicht/das wirt halten 6. Gren. Gegen diesen vier stücklin mach ein stücklin / wirdt halten 12. Gren/ das leg zu den vier stücklin / werden fünff stück. Dem allem gleich wieg ein stück/das wirdt halten 24. Gren/das ist 1. pfenning/

deren

deren 12. ein marck thun/ꝛc. Item/ nim̃ die vorgemeldten sechs stück / wig dargegen ein stück das wirt halten/ 2. pfenning. Nim̃ den einen pfenning vnd leg. darzu 2. pfenning/ wieg dargegen ein Gewicht/ wirdt halten 3. pfenning. Leg die drey pfenning gewicht zu dem jetztgemachten in ein schale/ mach dargegen ein stück / wirdt halten 6. pfenning dem thu wie vor. Vnd leg ein stück gegen den letzsten vieren / das wirdt halten 12. pfenning/ das ist ein marck / oder 16. loth / So kompt es wie diese Figur entscheidet.

Grenlin.					Pfenning.				
1	2	3	6	12	1	2	3	6	12

Anzeigung der Golt proben.

Das IX. Capitel.

HIemit sey genung gesagt von dem Centner / auch groben vnnd feinen Marckgewichten/ vff Ertz / Silber vnd Silbermüntzen/rc. geordent / Nun wil ich anzeigen / wie man sich in die Edel vnd subteile Prob auff allerhandt Golt anschicken soll/rc.

Von dem Marckgewicht auff Golt geordnet.

Es ist zuwissen/daß man die marck auff Golt dienlich/ auch in zweyerley gschlecht von einander absondert/gleich wie von der marck auff Silber gehörig/angezeiget ist.

Das eine dienet oder gehört vff die grobe marck.

Das ander dienet auff die fein marck.

Von der groben marck im Goldt/ wie man sie theilen soll.

Das X. Capitel.

SO du wilt rechnen oder handlen nach der groben marck / so theil die marck in 16. loth / ein jeglich loth in

4. quin-

4.quinten/ein jeglichen quinten in 4.pfen-
ning/ein jeglichen Pfenning in 2.heller/in
aller maß vnd form/wie von dem Silbergewicht gesagt ist.

Oder wiltu gern so theil die marck in
16.loth/darnach vndertheil ein jeglich loth
in 18.Gren/solcher Gren kommen 288.vff
ein marck/rc. Aber nach der groben marck
probiert man gar selten/dann alles Goldt
kaufft vnd verkaufft man gewonlich nach
Charaten/Gran/vnd Gren/das ist nach
der feinen marck/Darumb so du rechnest
nach der groben marck/so setz 4. quinten
vor 1.loth/vnd 64.quinten vor die marck/
dann 4.mal 16.macht 64.das ist 1.marck/
oder 16.loth. Oder rechen 16.loth vor die
marck/vnd vor ein jegklich loth 18.Gren/
etc.wie es dir am füglichsten ist/dei-
nem handel odder gewerb
nach in der rech-
nung/rc.

Von der feinen marck in Golt wie sie getheilt wirdt.

Das

Das XI. Capitel.

DAs Marckgewicht im Goldt auff das fein zurechnen wirt getheilt in 24. Charat/ ein jegklicher Charat helt 4. Gran/ ein jegklicher Gran helt drey gren/ der kommen 288. vff die gantze marck/ wie du in dieser Figur sehen magst/ rc.

Darumb so du dein Rechnung setzest nach der feinen marck/ so setz 3. Gren vor 1. Gran/ vnd 4. Gran vor 1. Charat. Oder setz 12. Gren vor 1. Charat/ vnnd 24. Charath vor 1. Marck/ gilt gleich viel/ rc.

Anzeigung der feinen Marck.

Item
- 1, 2 — Gren für sich selbs.
- 3, 6, 9, 12, 24, 36, 72, 144, 288 — Gren machen
  - 1, 2, 3 — Gran für sich selb.
  - 4, 8, 12, 24, 48, 96 — Gran machen
    - Charat. 1, 2, 3, 6, 12, 24

Wie

Wie man Goltgewicht machen soll.

Das XII. Capitel.

WIltu nun das Marckgewicht auff Golt abtheilen / so mag es füglich durch eylff Gewichtstück / solcher massen geschehen. Mach zwey kleine Gewichtlin deines gefallens zu dem anfang der Grenlin / solcher schwere / das dein Wog deren eins verneme. Demnach leg die zwey Gewichtlin zusamen in ein schal / mach jhnen ein gleich Gewicht wirdt halten 2. Gren / dañ wirff der ersten Gewichtlin eins hinweg / leg die zwey zusammen / mach jhnen ein gleich Gewicht / wirdt halten 3. Gren / das ist ein Gran. Nach dem mach ein Gewicht / wirdt halten 6. Gren oder 2. Gran. Darnach nimb die zween Gran / leg darzu drey Gren / das sind die ersten zwey stücklin / mach jhnen ein gleich Gewicht / wirdt halten 9. Gren oder drey Gran. Darnach mach ein Gewichtstück /

das

das sol halten 12. Gren/ oder 4. Gran/ das ist 1. Charat/ ꝛc. Solcher Charat gewicht soltu 6. machen / darunder das erst halt 1. Charat/ als hie geschehen ist/ das ander sol halten 2. Charat/ das dritt 3. Charat/ das vierdt 6. Charat / vnd das fünfft 12. Charat/ darnach / das letzt soll halten 24. Charat/ das ist ein marck/ oder 16. loth/ so kommen sie nach einander/ wie hie zugegen angezeigt ist/ ꝛc.

Gren.		Gran.			Charat.					
1	2	1	2	3	1	2	3	6	12	24

Item solche Gewichtlin sollen alle auß einer Wogschalen gemacht werden/ vnnd mit Pünctlin oder gewisser zal gezeichnet/ daß du sie kennen kanst/ ꝛc.

Nota.

Item/ es sind auch viel Probirer / die solch Marckgewicht vff ein andere art abtheilen/ doch dünckt mich diß die geschickli-

chest

chest Theilung seyn/ die ich auch selbst vor diser zeit gebraucht hab/ rc. Auch brauchen oder behelffen sich etlich deß Marckgewichtes in pfenning vnd Gren getheilt/ vff das Silber gehörig/ rc. An demselbigen ist nun wenig oder gar nichts gelegen / wie du hören wirst in der vergleichung der Gewicht.

Von dem Gewicht zum Vffschnitt deß Silbers in diser Prob.

Das XIII. Capitel.

WEiter ist von nöten ein Silbergewicht zumachen in aller maß vnd zal/ wie das gemelt Goltgewicht/ doch also daß ein jegklich Silbergewicht sey dreymal so schwer/ als sein gegen wechsel im Goltgewicht. Als/ das minst im Silbergewicht soll dreymal so schwer seyn als das minst in dem Goltgewicht/ Vnnd das darumb / so du ein Goltprob machest/ so ist von nöten allwegen dreymal so

viel

viel fein Silber darzu zuschneiden/ als die Prob fein Golt in jhr hat vngefehrlichen/ das erfehrt man durch den gegenstrich der Goltnodlen vff einem Goltstein/ wie hernach folgt im 29. Cap. Dann so das Prob wasser nit dreymal so viel Silber findt als Golt/ so zerstößt es alle Proben / daß sie kein nütz sind / dann von seiner Natur arbeyt es dem Silber nach vnnd nicht dem Golt/ rc. Sed è contra cum Aqua reg. rc.

Wie sich die Marckgewicht mit einander vergleichen.

Das XIIII. Capitel.

ZVm ersten so weißtu nach angezeigter Lehr/ diß Theils im 5. Capit. daß 1. marck helt 16. loth / ein jegklich loth helt in jhm 18. Gren. Nun multiplicir 18. durch 16. so findest du 288. Gren in der marck/ rc.

Zum andern so ist dir kundtlich/ im 7. Cap. diß Theils/ daß 1. marck helt 12. pfenning/

ning/vnd 1. pfenning 24. Gren/ mehre die 24. durch 12. so findestu aber 288. Gren in der marck wie vor/ꝛc.

Zum dritten ist angezeigt im 11. Capitel diß Theils/ daß die marck helt 24. Charat/ ein jegklicher Charat helt 12. Gren/ Nun manichfaltige die 24. durch 12. so kommen abermals 288. Gren auff die marck/ wie zum ersten/ꝛc.

Darumb so du ein Prob gemacht hast/ so erfahre wie viel sie Gren halt in einer summa / dieselbigen Gren magst du darnach vndertheilen in loth/oder in pfenninge/Auch Charat/Gran vnd Gren/ deins gefallens/ꝛc.

Exemplum:

Es ist mir ein Massa gelieffert worden zu probiren / darvon hab ich gebürlicher weise 1. marck geschroten/ so sie nun vff der Capellen abgangen ist/ so wigt das geblieben Probkorn 198. Gren/ꝛc. Wil ich nun wissen wie vil loth das sind/ so theil ich 198.

durch 18. so find ich 11. loth/2c. Wil ich aber wissen wie viel pfenning das sind / so theil ich 198. durch 24. so kommen mir 8. pfenning/6. Gren. Wil ich aber wissen wievil Charat vnd Gran es sind / so theil ich die zal durch 12. so find ich 16. Charat/1. gran/2. gren/vnd ist das vorgegeben stück odder Massa probiert/2c.

Vnnd meines erachtens/so ist es nichts anders / dann ein vergebenlich vmbführens/ daß man so mancherley Gewicht auff die marck mit grossem fleiß vnd mühe (als biß her geschehen) pflegt zumachen/ dieweil sie in der Rechnung einerley wirckung vollbringen / darumb so magstu solche arbeyt vnd Proben wol mit geringern Gewichtlin der Elementen handlen vnnd machen/ wie ich dir hie anzeigen wil/2c.

Wie man alle Proben mit den Elementgewichtlin/inn vnnd außwiegen soll.

Das XV. Capitel.

Wie-

WJewol die nechstbeschriebene weise von den Probiergewichten / bey allen Müntzmeistern vnd Probirern gebraucht wirdt / nemlich daß sie machen etliche verjüngte Gewicht / proportionirt nach dem rechten Centner / vnnd marck / sampt jhrer vndertheilung / etc. Vnd durch solche verjüngte Gewicht thun den vffschnitt zu der Prob / Auch dardurch erforschen die wirde deß Ertz / vnnd anderer Metall / etc. So mag man doch solches durch die erstbeschribne meynung vnd gewicht der Elementlin oder stüplin erforschen, daß du solcher Gewicht aller keines bedarffst / Allein befleiß dich zuhaben ein Gewicht das gerecht vnnd scharpff abgetheilt sey / mit den Atomis oder stüplin / wie du gnugsam gelehret bist worden in dem zweyten Theil / etc.

Diese vnd kein andere meynung brauche ich selbs / in allen meinen Proben / doch hab ich die obgeschribne Gewicht vor zeiten alle gemacht / vnnd etliche Jarlang gebraucht / etc.

Der Dritte theil/

Wie man nach dem Centner durch die Element gewicht wigen vnd probiren soll.

Solches klärlich zuverstehen / so merck diese Lehr: Ich setz vnd zele meiner stüplin 32000. auff ein Centner Probiergewicht/ Dieweil nun der Centner 100. lb. halt/ so theil ich 32000. durch 100. so werden 320. stüplin auff 1. lb. kommen. Nun weiß ich daß 1. lb. helt 32. loth/ so theil ich 320. durch 32. so find ich daß 10. stüplin vff 1. loth kommen/ wie du hie sehen magst.

Exemplum.

Item	32000	Element thun	1. Cent.
	320		1. lb.
	10		1. loth.

Ich hab ein Ertz probirt/ darvon wiget das Probkorn 6460. Elem. Wil ich nun wissen wie viel lb. vnd loth das sind/ so theil die gefundne summa der Elem. durch 320.

das

das ist 1. lb. so find ich 20. lb. das sind 40. marck/dann 1. lb. thut 2. marck/ vnnd sind noch 60. stüplin da/ die theil ich durch 10. dieweil 1. loth/10. Elem. helt/ so find ich 6. loth/vnd ist das Probkorn gewigt vnd abgetheilt/ vnnd helt 40. marck vnd 6. loth/ doch soll das Bleykorn allwegen abgezogen werden/rc. wie du hören wirst.

Wie man durch die Elementlin vff das marckgewicht probiren soll.

Wiltu nun weiter deine Proben auff das marckgewicht nach den Elementlin inn vnd außwiegen/so setz 2880. Elem. für 1. marck. Diese summa der zal vndertheil hinfürter nach der groben odder feinen marck vff Silber oder Golt vff diese meynung.

Von der groben marck auff Silber vnd Golt.

So setz	2880	Elem. vor	1. marck/oder 16. loth
	180		1. loth.
	10		1. Gren.

Von der feinen marck auff Silber.

So setz	2880	Ele. vor:	1. marck/oder 12. pfen.
	240		1 pfenning.
	10		1 Gren.

Von der feinen Marck auff Golt.

So setz	2880	Elem. vor	1. m̄. oder 24. Char.
	120		1 Charat.
	30		1. Gran.
	10		1 Gren.

Diese theilung wirstu auß diesen Exempeln verstehen.

Ich hab 1. marck/oder 2880. stüplin inn gesetzt/ so es nun abgangen ist / wiget das Probkorn 1800. stüplin / 2c. Wil ich nun wissen wieviel loth das seind / so theile ich 1800. durch 180. das ist 1. loth / so kommen mir 10. loth/2c. Oder wil ich wissen/ wievil es pfenning sind / so theile ich 1800. durch 240. das ist das pfenning gewicht/ so finde ich 7. pfenning / 12. Gren. Oder wil ich wissen wieviel es Charat sind / so theile ich 1800. durch 120. das ist 1. Charat/ so finde ich 15. Charat/ vnd ist probiert/2c.

Ein

Ein andere vnnd viel bessere meynung die Element zutheilen.

Wiltu nun die theilung der Elementen gar behend vnnd leichtlich zu wegen bringen/ so bleib bey der ersten Position / vnnd setz 32000. stüplin vor 1. Centner / vñ 2880. stüplin vor 1. marck/ Hast du nun ein Prob nach dem Centner gemacht / so schreib die sum̃a der Elementen eigentlichen vff was sie wiget/ mit der Zifferzale / Darnach so thu die erst Figur gegen der rechten Hande hinweg / was dann vor ein zal da stehen bleibt/ das sind eitel loth/ die theil hinfürter in lb. oder marck deines gefallen.

Dergleichen so du hast ein Prob gemacht nach der marck / so schreib fleissig die summa die das Probkorn wigt mit der Zifferzal auff/ thu gleicher massen die erste Figur gegen der rechten Handt hinweg/ was dañ da stehen bleibt/ das sind alles Gren / die vndertheil nach vorgegebener Lehr / in loth / pfenning / Charat / vnnd Gran/ deines gefallens.

Exemplum deß Ersten.

Du weißt daß 1. Centener helt 32000. Elem. Wiltu nun wissen wie viel loth das sind/ so thu die erst Figur gegen der rechten Handt hinweg/ so bleiben 3200. Also viel loth helt der Centner. Hastu nun ein Prob nach dem Centner vff Ertz gemacht/ vnnd das geblieben Probkorn wigt 3260. Elem. so thu die erst Figur gegē der rechten handt hinweg/ so bleiben 326. das sind loth / die theil durch 32. so werden es lb. Oder theil es durch 16. so werden es marck/ etc. vnnd kommen 20. marck/ 6. loth/ oder 10. lb. 6. loth/ etc.

Exemplum deß Andern.

Ich setz/ du habst ein marck vffgeschnitten/ das sind 2880. Elem. Nun thu die erst Figur gegen der rechten Handt hinweg/ so hastu die zal der Gren / die auff die gantze marck gehen/ nemlich 288. etc. So du nun ein Prob von der marck gemacht hast/ vnd wigt das probkorn 1690. Elem. so thu aber

mals

mals die Figur gegen der rechten seiten hin weg/so bleibt 169. das sind Gren / die magstu theilen / nach der anzeigung deß vorigen Capitels/ nemlich vff Silber nach der groben marck/so findestu 9. loth/7. Gren. Oder nach der feinen marck findest du 7. pfenning/1. Gren. Vnnd nach der feinen marck im Golt/wirstu 14. Charat/1. Gren finden/vnd ist abgewigt vnd probiert/rc.

Hiemit hastu die anzeigung aller Probiergewicht/wie es auch alle Probirer bißher in vbung gehabt haben. Deßgleichen hastu die Gewicht der Elementen / sampt jhrer vndertheilung / wie ich es selbs in allen Proben pfleg zu brauchen vnnd arbeyten / rc. Derhalben wil ich es hie bleiben lassen/vnd hinfürter die Handtwirckunge der Proben anzeigen.

Wie man Capellen macht/ vnd was man vor Fudter darzu haben soll.

Das XVI. Capitel.

EIn jeglicher Test oder Capell wirt auß zweyerley äschen gemacht/das ist auß Beynäschen / vnd sonst auß gemeiner äschen/die gebaucht seye / die soll man also bereyten/wie folget/2c.

Item / du solt auch drey oder viererley Capellenfuder haben / je eins grösser dann das ander/Also daß die gröst Capell 3. oder 4. loth Bley erziehen mög / die soll an der größ zweyer Zöll weit seyn. Die brauchet man zu dem Ertz vff Centner proben. Die ander Capellen braucht man zum Silber vnnd Müntz/oder anderen Metallen / 2c. nach gelegenheit.

Wie man Beynäsch brennen soll.

Nimm das bloß dürre Roßßbeyn vff dem Wasen/oder in der Gruben/brenn es zum ersten vff dem Feld/vmb deß gestancks willen / Darnach brenn es daheym noch ein mal/biß es schön weiß werd / vnd je weisser je besser/stoß es dann zu Pulffer/vnd durch ein härin Sieblin gereittert/so ist es bereytet

tet / behalts in einem zugedeckten geschirr/ daß kein Staub darein falle / biß du es bedarffst/ rc.

Wie man die gebaucht äsch bereyten vnd schlemmen soll.

Nim̃ Reben oder sonst gemeine äschen/ die wol gebaucht seye (der feißte halber) in ein Zuber/ gieß Wasser daran/ einer spannen oder zweyer hoch darüber/ rühr sie wol vmb/ vnd der leicht vnflat/ als Kolen / vnd anders das darinn schwimmet/ nim̃ herab mit einem Seihbecken/ oder Sieb / so genauw du kanst / rühr das Wasser mit der äschen wol vmb/ vnd laß den Standt vnd Stein ein wenig sitzen / vnd das trüb wasser/ darin̄ die subtile äsch ist / gieß in ein ander geschirr. So sich dann die äsche gar zu boden gesetzt/ gieß das klare Wasser ab / so hast du subtile vnd saubere äsch. Solcher äschen sam̃le viel/ laß sie wol dürr vnd trucken werden/ reittere sie durch ein eng hären Sieblin/ so ist sie geschlem̃t/ die behalte biß du sie brauchen wilt/ rc.

Wie

Wie man die Esch durch einander vermischen soll.

Nimb der Bauchäschen die geschleiñte sey 1.theil/vnd der Beynäschen zwey theil/ also trucken wol vndereinander vermischt Darnach bespreng es mit Wasser (aber Bier ist besser / daß man es kaum brieffet/ Vnnd aber wol durch einander gemischet biß sie sich ballen leßt/schlags gedeicht auff einander mit eim Stempffel in die Form oder Judter/ Vnd zuletzst soltu auff das gestempfft/das dañ Concauum ist / ein zart Puluer/von lauter Hirtzbeynäschẽ/ durch ein engs härin Sieblin sehen / eins Eychenlaubs dick / vnnd den Stempffel wider darauff setzen/mit einem streych/oder zweyen/nider getrieben/dann thus herauß / setz sie zusamen vff ein orth/ꝛc.

Wie man Kler machen soll.

Niñ Hirtzbeyn oder ander dürre beyn/ die schön vnd weiß gebreñt sind/ reibs mit

Wasser

Wasser auff einem Reibstein vff das aller reyneſt. So es nun wol gerieben iſt/ſtoß es zu Hüblin/ wie ein Maler Farben zuſammen ſtößt/ſetz vff ein Bretlin/ laß trucken werden. Wiltu nun das Kler brauchen/ ſo thus in ein Muſchelin/oder ein ander Geſchirr/geiß Eyerklar / das wol geſchlagen/ vnnd wie ein lauter Waſſer ſey / darüber/ temperier es nit zu dick noch zu dünn / Vberziehe oder beſtreich oben die gemachten Capellen mit einer zarten federn oder harbenſelin / in das Kler gedunckt / ſo werden ſie oben glatt / vnd ſind gemacht. Solche Capellen laß allgemach wol trucknen vnd dürre werden/vnd je älter ſie ſind / je beſſer ſie ſind/ꝛc.

Von den Probiröfen/ wie man die machen ſoll.

Das XVII. Capitel.

EIn jegklichen Probierofen magſtu rundt oder gewierdt laſſen machen/ nach

nach deinem gefallen/von Erden die wol hitz leiden mag / darauß man Gießtiegel macht. Diser Ofen soll vngefehrlich einer spannen weit/ vñ nit gar anderthalbe spannen hoch seyn/vnd anderthalben Zoll dick. Oben auß soll er ein wenig iñgezogen vnd enger seyn dann vnden/damit die hitz vmb die Muffel dester grösser werde/fornen soll er haben ein Thürlin / dardurch man die Capellen vnd anders notwendig vnder die Muffel setzen vnd handeln könne/rc. Hast du nun viel zuprobiren/so laß dir ein Ofen machen der dester fälliger vnd grösser sey/ darinn ein Muffel mit 6. oder 8. Capellen stehen möge / vnden mit einem Fuß vngefehrlich 4. finger hoch/ der soll oben in dem Herdt drey ablang Lufftlöcher haben/eins hinden/vnd neben der Muffel vff jeglicher seiten eins/daß doch der boden oder Herdt in der mitte da die Muffel stehen soll/gantz bleibe. Dergleichen soll der Fuß auff allen seiten der Zargen runde lufftlöcher haben/ dardurch der Windt das Fewer dester baß treiben mache. Auch soll der Ofen vnden da er vff dem Herdt steht/ an den seiten vnd hinden ein wenig außgeschnitten seyn/ damit das Feuwer dester mehr Lufft hab/ ꝛc. Zu mehrerm verstandt so besihe diese entwerffung deß Ofens vnd Fuß/ ꝛc.

Der Ofen.

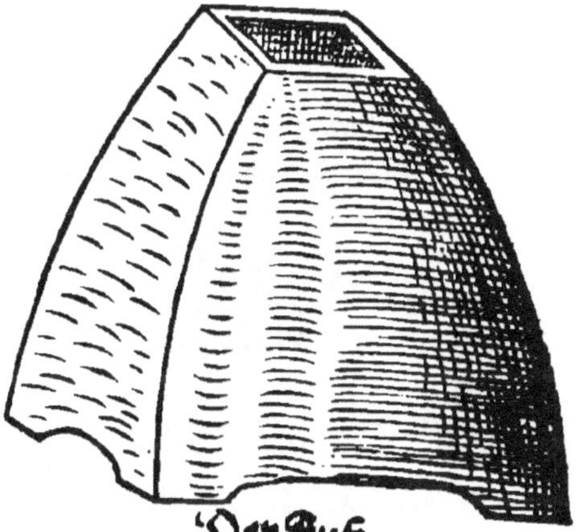

Der Fuß.

Der Drittetheil/

Ofen/Deckel/vnd Fuß bey einander.

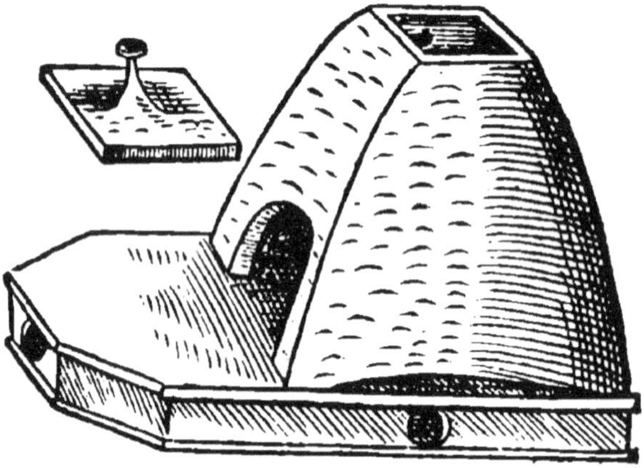

Ein ander art von Probieröfen.

Item die Probieröfen/mögen auff ein ander art gemacht werden/nemlich vnden mit einem Boden/der 6. oder 7. Lufftlöcher habe/forn auff dem Boden mit einem Thürlin einer zwerch Hand hoch/das ein vorgehende Zarg oder außladung habe/darauff man Kolen/nach dem als noth ist/lege. Oder ordene das Thürlin sampt der außladung mitten in den Ofen/dann mußt du der Mufflen ein kleins Füßlin machen/

damit

damit sie in der höhe dem Thürlein gleich stehe. Diese öflein seyn fast brauchsam/ dürffen auch keines Fuß/allein stell sie auff drey Stein / damit der Windt darunder kommen möge/so werden die Capellen hitz gnug haben/in dem daß die Muffel entbor steht/vnd Kolen gerings darumb vnd darvnder ligen. Auch magstu diesen Ofen zu berg anhencken/an ein Maur / oder vnder dein Eß/oder sonst vnder ein Camin/doch daß der Boden oder Herdt wogrecht stehe/ der Capellen halben/die gerad vffrecht stehen sollen. Item/die öfen sollen auch wol mit eisen Banden/oder mit starcken Dröten beschlagen vnnd gebunden seyn/damit sie nicht von einander fallen/so sie sich von der hitz vfftheten oder rissen. Dergleichen solt du die Böden mit starckem stürtzblech vnderlegen / vnnd Lufftlöcher dem Ofen gleichförmig außhauwen. Solch beschleg gib ich dir vnnd deinem fleiß zuerachten/ wie es am geschicklichsten seyn mag / ꝛc. Doch zu weiterem verstand/ so besihe diese vorgemalte anzeigung/ꝛc.

Von den Muffeln wie die seyn sollen.

Das XVIII. Capitel.

ITem die Mufflen sollen von guter Erden gemacht werden / damit sie desto weniger reissen / Nicht zu dick son=

sonder wie ein starcker Hafen seyn mag. Jhre form vnnd gestalt soll sich fast einer holen Dachziglen vergleichen / einer zimlichen zwerch Handt hoch / Die läng soll nach dem Ofen gesucht werden / sie soll im Ofen / forn an der Thür anstehen / vnnd sonst gerings vmbher frey / drey oder vier Finger breyt spacium haben zwischen den Wenden / Oben soll sie zu seyn / vnden mit einem Boden / neben vnd hinden / drey oder vier ablang Fenster haben / daß die werme oder hitz zu den Capellen kommen möge.

Jtem man mag auch ein kleins Camin oder Schornsteinlin daruff setzen / wie ein Röhrlin oder Pfannenstiel / das auff der Mufflen weit vnd oben eng sey / damit der Reflexus von dem Bleyrauch nicht wider vff die Capellen schlag / vnnd desto ehe abgehe / etc.

Jtem so du den letzst beschriebnen Probierofen brauchen wilt / so soll die Muffel ein solches Füßlin haben / daß sie in die höhe der Thüren gleich komme / wie diese entwerffung anzeigt / etc.

Von den Bleykugeln/vnd wie viel Bley man zu einer Proben nemen soll.

Das XIX. Capitel.

ITem/ wiltu ein Ertzprob machen/ so soltu dem probier Centner nicht weniger dann 2. loth Bley zusetzen/ darumb so laß dir ein Zang machen/darin du 3. Küglin zumal giessen magst / je eine grösser

grösser dann die ander/ daß die kleinst kom̃ vff ein halb loth/die ander auff ein loth/die dritt vff 2. loth/groß marck Gewicht. Nun merck/ Silber das da helt 14. oder 15. loth/ auch mehr/ soltu die klein Kugel setzen. Item/ Silber oder Müntz zu 11. 12. oder 13. lothen/soltu die mittel Kugel setzen. Item/ Silber zu 8. 9. oder 10. lothen/setz die mittel vnd die klein Kugel. Item/ Silber das 5. 6. 7. auch weniger helt/ soltu die groß Kugel setzen/ꝛc.

Nota.

In summa/es soll allwegen vff ein loth Kupffer/ 8. loth Bley zum wenigsten gesetzt werden in dem abtreiben/ꝛc.

Von dem Bleykorn/vnd was man vor Bley nem̃en soll.

Hastu nun (wie jetzt anzeigt) die Zangen lassen machen/so soltu 1. lb. 4. 8. 12. oder mehr (demnach du ein grossen handel hast) solcher kuglen giessen / von dem geringsten bley am gehalt das du finden kanst/ das nit zinnecht sey. Vnnd merck daß kein besser Bley zum probiren vnd zum abtreiben ist dann das Cölnischbley / wie mans an den grossen geuierdten stücken pfleget zubringen/das man nennt Armbley / darumb daß es so gar wenig Silber in jm helt/ꝛc. Nun nim̃ die groß Kugel/setz sie in den Ofen vff ein Capellen wie du vernemmen wirst/laß nit zu heiß sonder kalt abgehen/Vnnd das Problin das auff der Capellen bleibet/das nennt man ein Bleykorn/ das soltu fleissig behalten bey deinen Gewichtlin/ꝛc. Vnd so offt du 1. Cent.probgemacht hast / so solt du im wigen das bleykörnlin dem gewicht zulegen/ daß es der Ertzproben abgezogen werd/das Ertz wirt sonst vmb so vil reicher geschätzt/ als das Bley Silber in jm hette. Dergleichẽ magstu von den andern zweyẽ kuglen problin machen/die du dem Silber oder Müntz so du nach der marck probierst abziehen solt / aber es mag in der marck nichts fürtragẽ. Item/ du solt auch wissen

so

so du das Bley vffgearbeyt hast/vñ ein anders brauchen wilt / daß du auch andere Bleykörnlin (jetztgemeldter massen machest) dann ein Bley ist reicher vnd helt mehr dann das ander/rc.

Von anschickung deß Probierofens / Auch wie man die Capellen eytten soll.

Das XX. Capitel.

JTem hastu nun die Muffel (angezeigter massen/ in den Probierofen gesetzt / so schütt ein sauber Kolfewr darinn/das nit viel gemülb vnd Wust bey jhm hab/es hindert sonst die hitz/schütt andere Kolen daruff/laß allgemach vffgehn.

Darnach setz die Capellen nach einander vnder die Muffel / so werden sie allgemach warm/biß das Feuwer vffgehet / laß sie wol durchglüen vñ eytten/ vff ein halbe oder ein gantze stund / wann so das nit geschicht/so springt vñ spratzlet das bley/ mit dem zugesetzten Kupffer oder Silber/ vber die Capell herauß / vñ wirt die prob falsch.

Nota.

Item / es ist auch gut / daß man von einem jeglichen Werck zwo oder drey Proben mache / damit man desto gewisser seye.

Von innsetzung einer jeglichen Proben / auch wie man das Feuwer regieren soll.

Das XXI. Capitel.

ITem / so du Silber odder Müntz / auch anders probiren wilt / so setze erstlich das Bley vff die wolgeeichte Capellen / als viel sich zu der Proben gebüret / thut es sich nun schön vff / vnd beginnt zu treiben / setz die Müntz oder Silber hinnach / das soll dünn geschlagen oder reyn gekirnet seyn / es erkaltet sonst das Bley / vnd treibet desto langsamer. Hab auch gut acht / ehe du die Prob auffsetzest / daß das Bley nit zittere oder spratzel / auß angezeigter vrsach / die Prob wirdt sonst falsch /

darumb

darumb wart biß es auffhöret seines sprin-gens/rc.

Weiter hab acht/wann das Bley nicht treiben wolt/sonder sich mit einer Krosten oder Haut zuschlüß / so hat es nicht hitz genug. Solches zuwenden / Nimm ein dürren Fichten oder Dannenspon / laß jhn vnder der Muffeln vff den Capellen verbrennen/ vnd leg einen oder zween guter Kolen vnder die Thür deß Ofens/daß der Lufft nit hinein auff die Capellen schlag / vnnd das Bley erkelte/rc. So es nun wider beginnt zuriechen/so laß also abgehen/Merck auch daß es gleiche hitz habe / das Bley rundiret sich sonst nit vff der Capellen/sonder wirdt ablang/vnd steigt an einer seiten höher vff dann an der andern / So wend oder rücke die Capell ein wenig mit einem Höcklin vmb/vff daß solcher mangel erstattet werde/rc. Laß es treiben vnnd abgehen biß es blickt/wieg es dann nach seiner rechnung/rc.

* * *

Gemein Silbererꝛtz zu probiren/ꝛc.

Das XXII. Capitel.

SO dir ein stuffen Ertz vorkompt/ den du probiren solt / vnd anzeigen wievil es Silber halt im Cent. dem thu also: Nim̃ das Ertz / stoß es klein in eim eisern Mörselsteinlin/ Vnnd wo das Ertz so vnartig wer/ daß du es gar nit zerstossen magst/ so solt du es also rösten: Leg es in ein frisch gut Fewer / laß wol durchauß erglüen/ lesch oder erschrecks etlich mal in einem kaltem Wasser/ biß es sich brechen vnd bochen leßt/ nim̃s herauß/ legs wider ins feuwer/ laß es glüen vñ von jm selbs erkalten/ daß es wol trucken werd/ ꝛc. Stoß vnd rädd es durch ein engs härin sieblin / Vñ merck was in dem Sieblin bleibt / das noch grob ist/ soltu wider stossen vnd reuteren/ so lang biß es gar durch kom̃e/ vff daß sich die Reichen stuffen mit den Armen vergleichen. Dieses klein gestossens Ertz wige 1. Cent. vff deiner Beywogen/ vnd nit vff der Probierwogen/ thu es in ein kleins würtzbrieff-

lein.

lein. Darnach wieg ein Cent. zween oder drey Bleygleth ein/thus auch besonder in ein brieffflin/ rc. Nach disem solt du ein gut frisch fewr haben/ vff dem boden mit einem Kolstab nicht zu klein geklopfft/ vnder ein Muffel gestreuwet. Setz ein treibscherben vnder die Muffel/ laß jn glüen in guter voller hitz. Setz das Ertz von erst ins Feuwer mit dem Papierlein vff den treibscherben/ mit einer langen Klufft. So es nun wol erglüet ist samenthafft/ setz jm die gröst Bleykugel zu/ die 2. loth wigt. Item/ so das bley zergangen ist/ so setz das Bleyglet hinach/ laß es wol vnder einander gehn/ biß es sich schlacke/ Du magst es wol mit eim langen eisinen Droth/ der forn gebogen ist/ allgemach vmbrühren/ doch daß nichts darvon verspritzt werde/ die Prob wirt sonst falsch. So es sich nu sauber geschlackt hat/ so heb das scherblin herauß/ laß von jhm selbs erkalten/ zerschlag den scherben/ nim̃ den könig/ setz jn vff ein Capellen in den Probierofen/ laß jhn abgehen/ wieg jhn nach seiner rechnung wie du findest/ rc.

Wie

Der Dritte theil/
Wie man Bleyertz probirn soll.

Das XXIII. Capitel.

NJm das Bley oder Zinnertz/ stosse vnnd reitter es durch/ wie von dem Silberertz gesagt ist/ wig 1. Centner deß Ertz ein. Item ½. Centner Eisenabfeihlung. Item ½. Centner Saltz. Item ½. Centner reyn gestossen Weinstein. Item ½. Centner Salpeter. Item 1½. loth Bleyglett/ grob Probiergewicht/ das ist vngefehrlich einer halben Erbes groß/ rc. Rühr es wol durcheinander/ thu es in ein Tieglin/ verlutier ein kleines Scherblin daruff/ mit gutem hefft Leimen/ vff das aller genauwest/ darnach vor dem Eßbalg in ein gemach Feuwer gethan/ laß erglüen (dann wo der Tiegel nicht gemach warm wirt/ vnd glüet/ so riß er von solcher schnellen hitz) blaß jhm flugs zu/ Vnd merck/ so das Feuwer beginnt hell zuwerden/ vnd die seltzam Farb verleurt/ so ist es ein zeichen/ daß es geschmoltzen ist/ heb es herauß/ laß

von

von jhm selbs erkalten / zerschlag das Tiegelin / so findestu ein Bleyenen König / den wig nach seiner rechnung / ꝛc.

Item diesen König magstu darnach ab lassen gehen vff einer Capellen / so findestu seinen gehalt Silbers / so hast du zwo Proben / vnd weißt wievil das vorgegeben Ertz Bley vnd Silber in jhm halt / ꝛc.

Wie man Kupffferertz probiren soll.

Das XXIIII. Capitel.

Item Kupffferertz soll allermassen an ein König geschmeltzt werden / wie von dem Bleyertz gelehret ist / Allein solt du ein vnderscheidt haben / der farben vnd gestalt halber / welches Silber / Kupffer / oder Bleyertz sey / ꝛc. Darvon wil ich vff ein ander zeit handlen vñ schreiben / doch mag solches nicht baß erforschet vnnd gelehrt werden / dann durch tägliche vbung / ꝛc.

Nim̃ das Kupfferertz / stoß oder boch/ vnd reitter es durch / wig ein Centner probiergewicht ein. Item ½. Centner Eisenabfeihlung/oder Feihlspön. Item ½. Centner Saltz. Item ½. Centner Weinstein. Item ½. Centner Salpeter. Item 1½. loth grob probier marck gewicht Bley glett/ alles wol durcheinander gerührt / thu es in ein Tigelin / mit eim scherblin verlutiret/ vnd in die Eß/vor den Balck gesetzt/ in ein frisch Fewer/ So es ein weil gestanden ist/ so blaß jhm zu/laß flugs schmeltzen / hebs auß/laß erkalten/zerschlag den Tigel/vnd säubere die Schlacken darvon / so findestu ein König oder Kupfferstein/an dem Boden deß Tigels/2c. Darnach nim̃ ein guten treibscherben/setz jhn vor den Balck in das Fewer/laß jhn erglüen / setz den Kupfferstein daruff/ schlag jm ein stücklein oder zwey Venetianisch glaß zu / laß abgehen/ mit voller hitz vnnd embsigem blasen / wie man ein Golt leßt abgehn/das durch speiß glaß gossen ist/ vngefehrlich auff ein halbe stund / oder so lang jhm von nöten ist / biß

das

das Kupffer schön roth vnnd geschmeidig wirt im schlagen. Dieses Kupffer magstu auch mit seinem gebürlichen (das ist sechs mal so viel) Bley lassen vff einer Capellen abgehen / so erfehrstu was es weiter in jhm hat/rc.

Wie man Goldtertz probiren soll.

Das XXV. Capitel.

NOth Goldtertz/soltu stossen/ reitteren/in das Bley trencken / vnd auff der Capellen lassen abgehen / wie vom Silberertz gesagt ist/rc. So es nun reyn vnnd sauber abgangen ist / stichs von der Capellen/ wiegs vnnd schreib sein Gewicht vff / darnach soltu sein gehalt erfahren/durch den gegenstrich der Goltnodeln vff einem schwartzen Goltstein/ Vnnd so du beyläuffig weißt / wie viel fein Golt die Pröb halt / so solt du fein Silber darzu schneiden vnnd wiegen / daß deß Silbers dreymal sovil werde als deß Golts/wie du von der goltproben die vrsach hören wirst.

Dem-

Demnach setz Golt vnnd Silber mit ein wenig Bley wider auff ein kleines geeichet Capellin/laß mit einander abgehen / daß es ein körnlin werde/nimms auß / stichs ab/ schlag es dünn / soluier es im starcken wasser/wieg es nach seiner rechnung / in allen massen/ wie du hie vnden von dem Golde vernemmen wirst. Vnd merck was die Prob auß dem wasser wigt / das ziehe dem Probkorn von der ersten Capellen gemacht ab/ so findestu sein gehalt Golts vnd Silbers.

Von außnemmung der Proben. vnd Capellen.

Das XXVII. Capitel.

ITem so die Proben reyn abgangen sind/vnnd fein worden / so heb die Capellen nit gleich herauß/sonder laß sie ein weil stehen / so werden sie desto reyner. Were es aber sach/ daß sie nicht fein worden weren/so ist es ein zeichen/daß sie nicht Bley genug hetten / Darumb gib ihnen anfänglich Bley genug / vnd merck der Kuglen gehalt / daß du es der Proben abziehest / Darnach hebs herauß / stich das Körnlin von stundt an von der Capellen / mit eim Messer oder einem Zeiglen. Vnd were es sach daß etwas von der Capellen oder vom Test an dem korn blieb hangen / so schab es nit herab / dann das Korn würd sonst leichter / vnd die Prob falsch. Aber nim̃ es zwischen ein Zangen / vnnd truck es vberzwerch / so springt das vntäuglich darvon / vnnd kompt kein Silber hinweg / als im schaben geschehe / ꝛc.

Wie man die Prob wigen / vnd das Bleykorn abziehen soll.

Wiewol von spitzigem vnd scharpffen wigen gnugsam angezeiget ist / derhalben ohn noth vil darvon zuschreiben / wil doch (damit solchs in frische gedächtnuß kom̃e) noch ein wenig darvon anzeigen. Nim̃ die Prob / leg sie in ein Schale deiner Probier wogen/leg dargegen in die ander Schale vngeeichte Gewicht/biß die Zung gerad vnd scharpff im Kloben steht/darnach heb die Prob herauß/leg das Bleykorn an die statt/in die leer Schal/vnd Gewicht(dem nach du den Centner oder ander Prob auff gewigt hast) darzu/Verstehe also/hast du die Prob nach dem verjüngten Centner oder marck gewicht eingewiget/so soltu derselbigē Gewicht zu dem Bleykorn legen/Hastu aber nach den Elementlin (wie ich es selbs brauch) eingewigt/so solt du dz Bleykorn auch mit Elem. besetzen/biß die Zung bleyrecht jnnstehet/wie vor/heb dann das Gewicht ab/rechen es nach pfundē/marcken/lothen/2c. wie sich im Centner gebürt. Oder hast du der marck nach probiert/so setz dein rechnung auff loth/pfenning/Charat/Gran/vnnd Gren/wie es von nöten ist/vnd du droben gehöret hast.

Wie man Silber abschlagen vnd probiren soll.

Das XXVIII. Capitel.

ITem/du solt mercken vnnd wissen/ ehe man Silber oder Müntz/ auch allerhandt Golt probiret/ daß man zuuor ein Prob dem Gesicht nach/ durch den gegenstrich der Probiernodlen mache/ damit eim jeglichen sein gebürlich Bley zugesetzt werde/ Nemlich nicht weniger dann sechs mal souiel als deß Kupffers ist/ Darumb so dir vorkompt ein Massa Kupffer/ oder Silber/ zu probiren/ so hauwe vnden vnnd oben/ an jegklichem ende ein stücklin (das genug zu einer Proben sey) herauß/ vnnd erfahre sein gehalt vff einem Goldtstein/ glüe vnd schlag es dünn/ schabs sauber von allem vnflat/ wig 1. marck ab/ rc. Darnach setz das Bley souiel sich erheischt vff ein wolerglüte Capell/ So es angehet vnnd beginnet zu riechen/ setz das Silber oder Kupffer hinnach/ laß abgehen/ wig es nach seiner rechnung wie du weist/ Vnnd so du nach der halben marck probiren wilt/ so nim das Silber vnd das Bley nur halber/ rc.

Der Dritte theil/
Allerhandt gemein Müntz zu probieren.

Das XXVIII. Capitel.

SO nun der Müntz viel sindt vnnd mancherley / die du probieren solt/ so ist es besser man kürne die vorhin / damit sich Kupffer vnnd Silber mit einander vergleiche/das da nicht geschehe/ so ein Platten odder Müntz reicher were dann die ander/etc.

Wie man Silber kürnet.

Nim̃ die Müntz in ein Tiegel/setz vor den Balck/laß schmeltzen/ vnd rühr es wol durch einander / mit einem langen glüenden Kolen/darnach mach jhm ein fluß mit ein wenig Weinstein / So es nun schön treibt/nimm ein Handtzuber mit kaltem Wasser / vnd laß einen bey dir stehen/mit einem neuwen Besem/der soll das Wasser stätigs vmbrühren / Heb den Tiegel herauß/

auß/mit einer langen Klufft oder Hebzangen/giß das Silber vber dẽ Besem in das kalte Wasser/so kürnet es sich reyn. Auch befleiß dich/daß du nicht an ein orth in den Zuber giessest/es fiel sonst vber einen hauffen vnd würdt ein Klotz/rc.

Ein andere weiß Methall zukürnen.

Nim̃ ein hohen Handt zuber/oder ein Fäßlin mit Wasser/leg ein höltzin Deller darinn daß er schwimme/ nimm das geschmoltzen Methall/ gieß allgemach/hoch oben herab vff den Deller/so spritzt es von dem Deller in das Wasser/vnd so du höher geussest/so die Körner kleiner werden/ so sind die Granalia gemacht/rc.

Nim̃ solche Granalia/trückne sie wol vff dem Feuwer/damit sie nicht nassz oder feucht sind/es macht sonst die Prob spratzlen/vnd wirdt falsch. Wig 1. marck deines Probiergewichts/brieffe sein gehalt/auff einem Stein nach der Nodlen/nimm sein gebürlich Bley/setz vff ein wol durchglüte Capell/laß abgehen/wieg es nach seiner rechnung/ theil es darnach in loth oder pfenning/deines gefallens/rc.

Item/so du willens bist solche Müntz oder Pagament zukauffen/so laß heiß abgehen/so wirdt das Silber dester dürrer/ So du es wilt verkauffen/so laß es küler abgehen/rc.

Wie man ein Goltprob machen soll.

Das XXIX. Capitel.

VOn dem Goltgewicht hastu gnugsam gehört/Folgt nun wie der Vffschnitt/Golts vnnd Silbers/auch deß Bleyes geschehen soll/auff der Capellen abzutreiben/vnnd hinfürter auß dem Wasser sein gehalt warlichen zugeben/rc.

So du nun dein Probierofen angezündet hast/auch deine Capellen iñgesetzt/daß sie eytten/vnd ist dir ein Massa Golts/es

sey

sey reich oder arm geliefferet worden / darvon du wissen wilt sein gehalt / das ist / wie viel fein Golts die marck in jhr hab / so thu jhm also.

Von dem aufschnitt Golts oder Silbers.

Schneid oder hauwe vnden vnd oben / von der Massa / ein verjüngte marck / das ist 24. Charat nach deinem gewicht / doch soltu solch Golt vorhin streichen vff einem wol schwartzen Goltstein / vnnd nach der Nodlen sein gehalt mercken. So du nun auß dem strich seines jnnhalts bericht bist / so schneid jhm drey mal so viel fein Silber zu / vnd das mag geschehen durch die obgeschriebenen gewicht zum Silber gemacht / etc. Als hielt die Massa oder Golt das du probieren solt 17. Charat / so schneid jm 17. Charat deß Silber gewichts zu / vnnd also für vnd für / so wirdt deß Silbers drey mal so viel als deß Golts.

Vrsach deß Silberin auff-schnitts.

Es ist kein andere vrsach/ daß man dem Goldt dreymal soviel Silber zuschneidt/ als es an jhm selbs fein innhelt/ wie auch vor angezeigt ist. So das starck Wasser solche Proportion nit findet/ so zerstößt es alle Proben/ vnd sind dann kein nütz mehr.

So du beyde Goldt vnnd Silber also punctualiter auff hast geschnitten/ vnd im Kloben abgewigt/ so leg jeglichs besonder auff ein ort/ oder wickel es in kleine Würtz-brieflin/ biß du es auff die Capellen setzen wilt.

Von dem auffschnitt deß Bleyes.

Wann du ein verjüngte marck Golts/ es sey gut oder arg/ hast auff geschnitten/ so gebürt sich darzu zuschneiden drey alte quinten Bley/ oder 1. loth/ das ist die mittel Kugel/ ꝛc.

Wie

Wie man die Prob auff die Capellen setzen soll.

So die Capellen angangen vnnd wol durchglüet sindt/setz zum ersten das Bley darvff laß treiben/darnach den auffschnitt deß Silbers darzu/laß auch treiben/zum letzten setz das auffgeschnitten Golt darzu/laß abgehen/vff sein benüglicheit.

Darnach nimm es herauß/doch nit zu schnell/stich das Korn von der Capellen/schlag es gantz dünn/wie ein Papierlin/dann wo die Prob nicht dünn geschlagen were/so ist es müglichen daß das Golt in dem Wasser nit gar fein würde/rc.

Item/diese Pröblin halten nichts anders dann fein Golt vnd fein Silber/das Kupffer vnd Bley das darbey gewesen/ist alles in den Test oder Capellen geschlossen/darbey ist zuvermercken/so deß Bleyes viel ist/muß die Capell oder Test desto grösser seyn.

**
*

Wie man die Prob im starcken Wasser probiren soll.

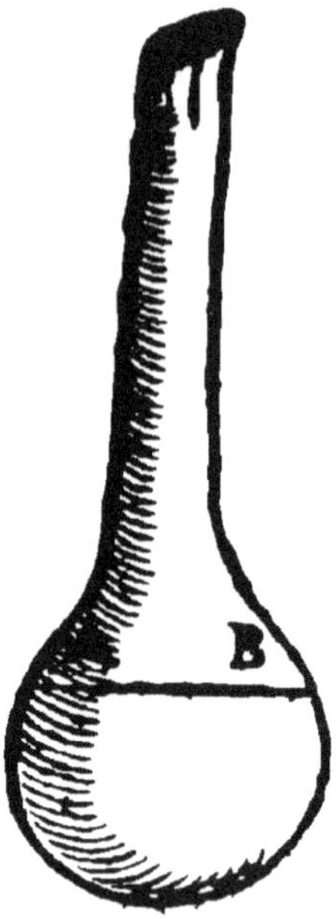

Nim̃ die Prob die da dünn geschlagē ist / glüe sie wol / damit kein feißte oder schmutz daran seye / das Wasser greifft sonst nit an / winde sie vber ein Pfriemen / oder ein dünnen droth / gleich wie ein Rührlin / wirff es in ein kleines scheidköblin / oder soluier Gläßlin / solcher form oder grösse / wie hie angezeigt ist / gieß starck wasser daran biß an den strich A. B. stopff sein Orificium oben mit einem Papieren stöpffel zu / der doch nit genaw stopffe / setz das gläßlin in ein küpffern schal voll äschen / die soll vorhin auff dem Probierofen oder sonst auff dem Fewer gestanden seyn / daß sie wol warm sey / grabe ein Grüblin mitten darein / stell das gläßlin darum̃ / scherr die äschen wider darum̃ /

biß an den strich / oder ein wenig darüber / setz wider auff den Ofen mit der Küpffern schalen / so wirt es begünnen zu sieden / vnd wird woll roter spiritus / rc. Vnnd so lang die roten spiritus weren / so lang ist das Silber nit soluiert.

Item / merck auch daß man wol zu einer Proben zu wenig Wasser mag nemmen / aber zuviel kan man nit nemmen. So nun die roten spiritus vergangen sind / vñ gantz hell wordē / auch so das Golt wol schwartz am Boden ligt / so ist es fein / vnnd hat kein zusatz mehr / rc.

Von weschen vnd außnemung der Proben.

Darnach nims auß der äschen / laß kalt werden / oder gieß kalt scheidwasser daran / damit es flugs erkalte / Seihe das Wasser subtiel ab in ein glässene Weschschalen / gieß Regenwasser ins Köblin zu der Proben / schwencks darmit / seihe es auch oben ab in die Weschschale / ein mal oder zwey / vnd

vnd zuletzt/ doch nit gar/ leg ein Finger vff das Orificium deß Gläßlins / stürtze es vmb/ das vnder vbersich / so senckt sich die Prob hinab auff den Finger / heb den Finger vber ein Gießtieglin/ lupff jhn ein wenig / so rinnt die Prob mit dem vberigen Wasser in das Tigelin/ Seihe das Wasser auch ab/ setz das Tiegelin mit der Proben in ein Feuwer/ laß glühen/ so wirdt es schön Goltfarb / heb es auß/ wiegs als sich gebürt/ ꝛc.

Was man vor Wasser nemen soll zum abschwencken.

Item merck/ daß man allwegen Regenwasser oder Rheinwasser soll nemen Silber mit abzuschwencken / dann so man ein hell Brunnwasser neme/ vnd schüts in das Scheidkölblin / so würdt es als weiß wie Milch/ vnnd were nicht nütz oder täuglich darzu/ ꝛc.

Von vffziehung der Goldtproben.

Nim

Nimm das geblieben Golt auß dem Tiegelin/leg es auff die Probirwog/ vñ merck sein Gewicht/dasselbig Gewicht ziehe ab von Charaten/vnnd was da bleibt/so viel ist das Golt zu arm gegen dem feinen. Als ich setz/das Golt wig auß dem Wasser 17. Charat/5. Grehn/das ziehe ab von 24. Charaten/so bleiben noch 6. Charat/7. Grehn/Vnnd soviel ist es am feinem zu arm/Darumb sprich/das Goldt halt am auffschnitt 17. Charat/4. Grehn/vnnd ist probirt.

Ein edel gemerck von dem Aquafort.

Das XXX. Capitel.

VOr allen dingen soltu in der Goltproben wissen/so das Wasser zu starck ist/so zerstößt es die Proben/also daß das Golt nit bey einander bleibt/so ist die Prob kein nütz/So soll man es krencken mit kaltem Regenwasser/Auch so das Wasser zu schwach ist/ mag man aber nicht darinn probieren/ darumb soll man es bereyten wie folgt.

Wie man das Aquafort qualificiren soll/ das es nicht zu schwach/ noch zu starck sey.

So du hast ein Aquafort dariñ du vormals nicht probiert hast/ so nim̃ ein junge marck Golts/ dessen gehalt du eigentlichen weißt/ schneidt darzu dreymal so viel fein Silber/ setz mit seinem gebürlichen Bley uff ein Capell/ laß abgehen/ nimbs herab/ schlags dünn/ soluiers mit diesem Wasser/ wie du gelehrt bist/ schwenck es ab vnd wig es mit allem fleiß/ hat es dann sein gewicht das dir vorhin bekandt ist/ so ist das wasser gerecht zu solcher schickung / Ist es aber schwerer / so ist das Wasser zu schwach/ dann es mag das Silber nicht gar außziehen / Ist es aber leichter / so ist das Wasser zu starck/ vnd hat die Prob zerstossen/ dann gib jhm ein wenig Regenwasser das kalt sey/vnd probier es so lang/biß du das Gewicht findest/das dir kendtlich ist. Dasselbig Wasser behalt in einem Glaß/das sich nicht greiffen noch verzehren läßt/stopff es wol zu mit Wachs/Vnd so du deß Wassers ein halbe Maß hast/so bestehestu lang darmit.

Nota.

Vnd merck/so das Wasser nicht recht qualificiert vnnd bereytet ist/so probircstu nimmer gewiß darmit/darauff/du bestehen magst/2c.

Wie man das Silber wider auß dem Wasser bringen soll.

Das XXXI. Capitel.

DAs Silber wider auß dem scheidwasser zubringen/sindt dreyerley wege.

Der

Der erste weg/daß man das Scheidwasser von dem Silber treibt per distillationem in eim Receptackel/alsdann bleibet das Silber in dem Kolben/vnd wirdt das Scheidwasser wider gut/vnd gar nahe/als starck/als es vor dem scheiden war/darvon wöllen wir ein ander zeit handlen.

Der ander weg ist/daß man das scheidwasser durch ein Barchen seihet/das soll man giessen auff die glatte seiten/so bleibet das Silber auff dem Barchen/vnd rinnet das Scheidwasser hindurch/2c.

Der dritt vnd gebreuchlichste weg ist/nemlich so man das Golt abgewaschen hat mit Regenwasser/so gieß in ein gläsin Geschirr/vnd nim starcke küpfferin Blech die roth abgelöscht sind/leg sie darinn. Oder gieß in ein groß küpfferin Schale so darff man kein Blech sonst darinn legen/Aber ohn Kupffer schlegt es sich nit nider. Auch hab acht/daß du jm Regenwasser gnug gebest/vnnd jhe mehr jhe besser/so schlegt es sich dest sauberer/nider/Auch greifft das Wasser das Kupffer an/so es noch starck

ist/

ist/vnd bleibt das Silber nicht wie es seyn soll/ So nu solchs geschehen ist/von stund an henckt sich das Silber an das Kupffer/ vnd schlegt sich nider zu grund/ Also magst du es ein nacht lassen stehen/biß es sich wol gesetzt/ vnd so es Regenwasser genug hat/ ligt nichts daran so es schon vier Wochen stehen bleibt/rc.

Wie man das Aquafort machen soll/ daß es Golt bricht/vnd Silber ligen läßt.

Das XXXII. Capitel.

Nimb Aquam fortem ein ächtmaß/leg darinn ½. loth Sal armoniacum/das verkehrt jhm sein Natur/das es kein Silber mehr angreifft/sonder Golt wirdt darinn zu Wasser/vnd bleibet das Silber am Boden ligen/wie vormals das Golt/rc. Das nennet man Aquam Regis, Aber so das Saltz darein kompt/so ist das Wasser nit wider zu bringen/daß es starck genug ist/2c. Gemein Saltz thuts auch/aber nit so subtiel vnnd schärpff/2c.

Wie man Probiernodlen machen soll.

Das XXXIII. Capitel.

NUn folgt ein ander Weise/Gold vnd Silber zu probiren durch den gegenstrich einer Probiernodlen/den werth oder gehalt zu erkennen/nach dem gesicht vff einem Goltstein.

Zweyerley Nodlen.

Probier nodlen macht man zweyerley/Etliche dienen vff Silber vnnd Kupffer/Etliche dienen vff Goldt/zum roten vnnd zum weissen/deren sindt auch zweyerley/wie du hören wirst.

Ord-

Ordnung der Silbernodlen.

Das XXXIIII. Capitel.

DJese Nodlen magstu ordnen auff die grobe marck/nach lothen/oder auff die fein marck/nach pfenningen/deins gefallens/damit steig auff nach lothen oder pfenningen/vnd nit weniger/damit sie dester kendtlicher sind.

Silber nodlen nach der groben marck nach lothen gewicht.

Zu solcher arbeyt soltu haben fein Silber vnd fein Kupffer/die Nodlen damit zu legiren/2c. Nim dein verjüngt marck gewicht/wige 1. loth fein Silber scharpff ab/darnach leg das marck gewicht vff/schneide dem jetzigen loth so viel Kupffer zu/daß es ein marck gewiget/das ist zu der ersten Nodlen. Zu der andern Nodlen schneide 2. loth Silber/vnd soviel Kupffer/daß es zusammen ein Marck wige Probiergewicht/Zu der dritten 3. lot/Zu der vierdten 4. loth/vnd allwegen sovil purs Kupffers / daß es zusammen ein probier marck wige / Vnd also steig fortan biß du kommest auff 16. loth/2c.

Silber nodlen nach der feinen marck vff pfenning geordnet.

Nimm dein verjüngt marck gewicht / wig zu der ersten Nodlen 1. pfen. schwer oder 24. Gren fein Silber / schneidt darzu pur Kupffer/daß die marck erfüllt sey/vnd zusammen 12. pfenninge wige. Zu der andern Nodlen wig 2. pfen. schwer fein Silber / zu der dritten 3. pfen. / zu der vierdten 4. pfen. Vnd allwegen schneid sovil pur oder lauter Kupffer darzu / daß die marck erfüllet werde / Steig also hinauff / biß du kommest auff die zwölfft Nodel / 2c.

Wie man die gemeldte Materien zusammen giessen soll.

Nimm

Nim̃ ein guten vesten Kolen/ der da nit rissig oder zerspalten ist/ bore ein Gräblin darinn/ reibs auß mit einem Knopff stempfel/ Darnach netz den Kolen in Wasser/ so bleibt er desto ehe gantz im Feuwer/ Leg die schrötlin oder stücklin zu einer Nodlen gehörig/ in das Gräblin/ berütsch es mit Burras/ setz es vff ein lödtscherben/ befeuwer es/ laß allgemach von jhm selbs erglüen/ blaß jhm allgemach zu/ So es nun geschmoltzen ist/ vnnd wol durch einander treibt/ raum das Feuwer hinweg/ lesche es ab mit einer leschbürsten/ hebs herauß/ schlag oder zein es in die länge auff einem Amboß auff sein genüglicheit/ꝛc.

So es nun hinauß geschlagen ist/ füge an ein Messigen stepfflin odder blechlin/ leg ein schlagloth mit Burras zu/ laß fliessen/ feihel vnd schab es nach deinem gefallen/ stich den gehalt mit der Zal darvff/ damit du sie baldt erkennen vnnd nicht lang suchen darffst/ꝛc.

Item/ du solt auch wissen/ daß alles Silber/ Kupffer vnd Golt/ zu den Nodlen gehörig/dünn geschlagen/ vnd sauber von allem wust vnd vnflätigkeit geschabt seyn soll/ vnnd in kleine stücklin wie schlagloth Bällin sind geschnitten/ so vergleichen sie sich dester ehe im giessen. Auch sollen alle Nodlen auß einer Wagschalen abgewiget werden/ wie nun offtermals angezeiget ist. Hiemit sey gnugsam von den Silbernodlen gesagt/ folgt nun ein Bericht die Goltnodlen zumachen/ rc.

Von den Goltnodlen.

Das XXXV. Capitel.

Goltnodlen werden nit anders mit allen dingen gemacht/ dann die silbernodlen/ vnd sind auch zweyerley. Etliche dienen vff Golt/ das mit Silber legiert ist/ die nennt man vff das weiß. Etliche dienen vff das Golt mit Kupffer legiert/ die heißt oder nennt man Nodlen vff das roth/ rc.

Nun werden beyderley Nodlen/vff das weiß vnd rot dienlichen/auch dem gewicht nach zu rechen/ vff zweyerley art gemacht/ gleich wie obgemeldt von den Silbernodlen/ daß man etliche macht auff die grobe marck nach lothen/so werden etliche Goltnodlen der feinen marck nach gemacht vff Charaten. Das stehet nun zu deinem gefallen/welches dir am geschicklichsten ist in deinem handel/ꝛc.

Aber dieweil fast aller Goldtkauff dem feinen nach geschickt/ das ist nach Charaten/so rath ich dir die Nodlen auch darauff zu ordnen/ꝛc.

Wilt du nun solche Goldtnodlen machen/ so solt du gerüstet seyn mit feinem Goldt vnnd feinem Silber/ auch mit reynem sauberem Kupffer / alles dünn geschlagen/ vnnd sauber geschabt/ zu kleinen stücklin geschnitten / Wieg ein Charat fein Golt / oder ein loth / demnach du die Stefft oder Nodlen ordnen wilt/auff die grob oder fein marck / ꝛc. Schneid jm dañ so viel fein Silber zu (so du die wilt auff das weiß haben) daß die marck erfüllt werde/ Oder wilt du sie vff das roth legiren/ schneid jm soviel Kupffer zu/ daß die marck erfüllt werde/ Das ist zu der ersten Nodlen/ Also fahr hinfort vffhin biß du kom̃est vff 24. Charat/ oder vff 16. loth. Darnach gieß ein jegklich Nodel in einem besondern Grüblin eins Kolen mit Burras zusammen/ wie du von den Silbernodlen gehört hast/ Schlags dann in die leng hinauß/ löde es an Küpfferin stefftlin/ vnd nicht an Messingen/ wie die Silbernodlen/ dann das Golt vnd der Meß mögen sich nit wol mit einander vergleichen. Verfeihel vnnd schab sie/ stich den gehalt mit gewisser. kenntlicher Zal darvff/ so sind sie außgefertiget.

Ein anderer vnd fast nützlicher bericht vff Goldtnodlen.

Das XXXVI. Capitel.

ES ist vor zeiten vnd etlichen Jaren ein löblicher gebrauch gewesen/ daß man

man in der Müntz / fast alles Golt legiert vnd zugeschickt hat / mit feinem Silber / one zusatzung deß Kupffers / wie dann die alten Rheinischen Gülden noch anzeigen / darauff die weissen goltnodlen geordnet sind / Aber bey vnsern zeiten / ist dieselbig gute ordnung / durch spitzfündigkeit vnd eigennutz / in ein mißbrauch kommen / also daß man in der beyschickung / etlich Kupffer hinzu setzt / gewönlichen 11. marck Silber / vnnd 5. marck Kupffer vnder einander gekörnt / damit ordnet man das Golt in dem Tiegel vff daß es von dem Kupffer etwas rotscheiniger vnnd höher von Farben dem Gesicht fürgetragen werde / ꝛc.

Item / es sindt auch etliche die nemmen mehr / etliche minder Kupffer / doch ist diese angezeigte ordnung die best / es mag sich wol mit einander vergleichen / vnnd wirdt fast geschmeidig vnder dem Hamer / ꝛc. Also magstu dein Goltnodlen auch ordenen wie folgt / ꝛc.

Nim eylff marck Silber / vnd 5. marck Kupffer / probir gewicht / laß in einem kleinen Tiegelin zusammen fliessen/ gieß in ein Inngnß/ schlags dünn hinauß/ leg er darmit dein streichnodlen vff loth oder Charat/ wie ich dir angezeigt hab mit allem gebürlichen fleiß/ so bist du gerüst/ vnd magst auff alle weg bestehen. Auch sind solche Nodlen jetzundt zu vnsern zeiten fast im gebrauch/ vnd zu allem Goldt dienlich/ ꝛc.

Von dem gebrauch dieser Nodlen hast du gnugsam gehört/ derhalben nit von nöten viel weitläufftiger wort darvon zu machen/ ꝛc.

Beschluß dieses Büchlins.

ALso wöllen wir das Feuwer in vnseren Probieröfenlin allgemach lassen abgehen/ Auch die Wogen sampt jrem Gewicht zuruhen stellen/ biß vff ein ander bequemliche zeit. ꝛc. Vnd so ich befinde etwas nutz oder fruchtbarkeit darmit zu erbauwen/ will ich mich in ein ander Werck

vnder-

vnderſtehen zu begeben / Allenliebhabern
der Kunſt zu gefallen / ꝛc. In deren ſchirm
vnd gnad (Gott deß Allmächtigen zuvor)
ich mich all zeit befehlen wil / mit freundtlicher Bitt / mich alſo gut vñ freund-
willig / als jren Vnderthenig-
ſten / Vnderthenigen /
auffzunem̃en /
etc.

FINIS.

Getruckt zu Franckfort
am Mayn / bey Christian Ege-
nolffs Erben / In verlegung Ada-
mi Loniceri / Johannis Cnipij / Do-
ctor. vnd Pauli Steinmeyers /
Im jar nach der Geburt
Christi vnsers Erlö-
sers.

M. D. LXXX.

Getruckt zu Franckfort
am Mayn / bey Christian Ege-
nolffs Erben / In verlegung Ada-
mi Loniceri / Johannis Cnipij / An-
dree / vnd Pauli Steinmeyers /
Im jar nach der Geburt
Christi vnsers Heil-
ands.

M. D. LXXX.